福建省社会科学普及出版资助项目
（2020年度）
编委会

主　任：林蔚芬

副主任：王秀丽

委　员：康蓉晖　刘兴宏　李培銷

福建省社会科学普及出版资助项目说明

福建省社会科学普及出版资助项目由福建省社会科学界联合会策划组织和资助出版，是面向社会公开征集、统一组织出版的大型社会科学普及读物，旨在充分调动社会各界参与社会科学普及的积极性、创造性，推动社会科学普及社会化、大众化，为社会提供更多更好的社会科学普及优秀作品。

福建自贸区的奇妙之旅

王斐兰 著

海峡出版发行集团 | 海峡文艺出版社

图书在版编目(CIP)数据

福建自贸区的奇妙之旅/王斐兰著. —福州:海峡文艺出版社,2021.11
ISBN 978-7-5550-2696-9

Ⅰ.①福…　Ⅱ.①王…　Ⅲ.①自由贸易区—经济发展—福建—通俗读物　Ⅳ.①F752.857—49

中国版本图书馆 CIP 数据核字(2021)第 154887 号

福建自贸区的奇妙之旅

王斐兰　著

责任编辑	任心宇	
编辑助理	吴飚茉	
出版发行	海峡文艺出版社	
经　　销	福建新华发行(集团)有限责任公司	
社　　址	福州市东水路 76 号 14 层	
发 行 部	0591—87536797	
印　　刷	福建新华联合印务集团有限公司	
厂　　址	福州市晋安区后屿路 6 号	
开　　本	700 毫米×1000 毫米　1/16	
字　　数	100 千字	
印　　张	9.25	
版　　次	2021 年 11 月第 1 版	
印　　次	2021 年 11 月第 1 次印刷	
书　　号	ISBN 978-7-5550-2696-9	
定　　价	25.00 元	

目　录

第一章　走进福建自贸区

　　走进福建自贸区，你的眼前不会出现什么光怪陆离的场景，但你却能深刻地感受到它赋予每个人的激情与活力。40 年前，厦门、福州作为经济特区和沿海开放城市，是中国改革开放的前沿阵地；40 年后，它们改革开放再出发，进行更深层次的改革探索。虽然我们很难准确地描绘出福建自贸区的样子，或者它会给国家、福建省和普通民众带来什么，但是自贸区所特有的机制与活力，已经让这里处处呈现勃勃生机，"自贸区"三个字，已经让人们跃跃欲试。千里之行，始于足下，在敢闯敢试，具有拼搏、创新精神的福建，我们期待看到自贸区所推动的改革开放，给福建乃至全国带来新的活力。

第一节　揭开自贸区的神秘面纱：什么是自贸区

　　近年来，"自贸区"一词不仅是国家政策制定者和学者广泛使用的一个术语，而且也时常出现在普通民众的视野里。可是，每当提到"自贸区"，总是让人感到既熟悉又陌生，熟悉的是这个词越来越频繁地出现在我们身边，陌生的是我们几乎没有对它有过更深的了解。到底什么是自贸区？自贸区从何而来？有哪些显著特征？我国正在建设的自贸试验区又是什么？诸如此类的问题，不仅普通民众不甚了解，甚至很多相关从业者也只是一知半解。下面，让我们走进自贸区，揭开它的神秘面纱。

一、自贸区的概念：分清两种自贸区

基于国际惯例，自贸区的概念有广义和狭义之分。

广义的自贸区，全称是自由贸易区（Free Trade Area，缩写 FTA），意指两个或两个以上的国家（地区）共同签署具有法律约束力的自由贸易协定，一致同意在世界贸易组织（WTO）最惠国待遇的基础上，进一步消除在货物贸易领域的贸易壁垒，进一步改善服务贸易与跨国投资的市场准入条件，并在政府采购、知识产权保护、标准化等众多领域相互提供优惠或保障，从而最终达成相互之间市场的完全开放，实现贸易和投资的自由化。比如北美自由贸易区、中国-东盟自由贸易区、中国-新加坡自由贸易区等都属于这一类。

可见，自由贸易区是两个或以上国家（地区）组成的"小团体"。考虑到WTO已经囊括了世界主要经济体，基于WTO所获得的最惠国待遇相当于"大锅饭"，而基于FTA所获得的贸易优惠与投资便利，则相当于进一步"开小灶"。与加入WTO相比，加入FTA成员能对等地享受更多贸易与投资的优惠和便利。

狭义的自贸区，全称是自由贸易园区（Free Trade Zone，缩写 FTZ），意指一个国家（或地区）在境内建立的对外开放区域，单方面给予进入该区域的货物、服务、外商投资和人员往来等自由便利。自由贸易园区是源于世界海关组织（WCO）关于"自由区"的规定，是一个国家（地区）从自己的领土范围内开辟出来的一块面向全球开放的特殊区域。目前许多国家境内都建立了自由贸易园区，如著名的爱尔兰香农自贸区、新加坡自贸区、中国香港自由港、巴拿马科隆自贸区等都属于此种类型。

尽管两种自贸区的内涵大相径庭，但是却很容易被混为一谈。究其原因，很大程度上是因为"自由贸易区"在中文语境中存在歧义。FTA 和 FTZ 按其字面意思均可翻译为"自由贸易区"，简称"自贸区"。了解到这一点，我们只要注意对两种自贸区稍加辨析，就很容易准确理解了。另外，中国商务部也已经发函规范"自由贸易区"的表述，建议将 FTA 称为"自由贸易区"，FTZ 称为"自由贸易园区"。目前，中国在建的上海、天津、福建、广东等 21 个自由贸易试验区实质就是自由贸易园区（FTZ），为了方便称呼，国内媒体常将它们简称为"自贸区"或"自贸试验区"。

二、自贸区的由来：从保税区到自贸区

相比"自贸区"，我们似乎更熟悉"保税区"，自贸区其实可以看作是保税区的升级版，所以要了解自贸区的由来，我们先来谈谈自贸区的前身——保税区（港）。

早期，各国还没有保税区（港）时，做国际贸易的商人带着满船的货物在海上漂，无论把船货停靠到哪个国家，都必须经过一道关卡叫"海关"。货物经海关入境时必须接受监管并缴纳关税。关税高，商品定价就高，这也是进口货物价格通常比较昂贵的原因之一。"海漂"们一方面对高关税表示无奈，另一方面又对入不了关或其他风险胆战心惊。

后来，随着经济全球化的发展，越来越多的国家对外开放，在自己的国土范围内划出一小块特殊的区域，允许外国船舶和货物把这里当作一个临时的落脚点，由海关看管，但暂时不收取关税。不仅如此，外商在这里还被允许做许多事情，比如对货物进行改装、储存、展览、混合、分类等，这就是保税区。在保税区的这段时间，外国货物虽然进入了一国的国境范围之内，但是大多只是把这里当作临时的中转地，货物并不一定是卖给该国，而是再转卖给第三国。由于货物的来源和销售两头在外，没有进入国内流通，所以海关就不收取关税，这就是保税货物。不过，停放在保税区的货物也有可能卖给该国，如果卖给该国，转入国内流通销售，就必须把应该缴纳的关税补上。

在自贸区出现之前，保税区一般就是一个国家或地区对外最开放的地方。货物不仅可以在保税区与境外之间自由出入，还可以享受关税减免和其他税收优惠政策。但是，保税区的模式毕竟不够高端，通常只适合发展转口、物流、仓储、加工等产业，在保税区主要还是囤货、卖货，以及搞简单的加工生产，其活动仍然受到许多的限制。随着经济的发展，越来越多的国家意识到进一步扩大开放，有利于发展对外贸易、吸引投资、带动产业升级等，于是，许多国家的保税区就升级成为自贸区。

总而言之，自贸区是经济全球化和贸易自由化最直接的产物。它可以看作是保税区的升级版。就地理位置而言，自贸区大多数是现有保税区的合并或扩大；就功能和政策而言，自贸区是现有保税区的全方位升级，自贸区作为一国更高形态的对外开放特殊区域，它更自由、更便利也更通达。

三、自贸区的核心特征：三大自由

自贸区的特征可以概括为"国家行为、境内关外、功能突出、高度自由"。其中的点睛之处在于"高度自由"。从世界各地自贸区发展的经验看，主要表现为简便的出入境手续、快速的通关速度、透明的投资办事规定、畅通的金融融通以及高效的政府服务等方面。自贸区是世界经济自由园区中开放程度最高的一种形式，它的核心特征可以概括为"三大自由"。

一是贸易自由。自贸区在全面实施保税区政策的基础上，取消不必要的贸易监管、许可和程序要求，只要符合国际惯例的货物均可以畅通无阻地进出，实施更高水平的贸易自由化和便利化制度。

二是投资自由。自贸区对外商投资实行国民待遇，没有因为国别的差异而带来行业或经营方式限制。对企业从事生产和经营活动具有较高的开放度和自由度，如投资自由、雇工自由、经营自由等。

三是资金自由。资金自由是自贸区有别于其他类型经济园区最重要的一个特征。在风险可控的前提下，自贸区内资本自由流入流出和自由兑换，为跨境结算、吸引外资和港口商贸活动提供充分的资金支持。

总之，自贸区是一个"守住底线，不设上限"的开放区，它是一国面向全世界打开的大门，货物进门不需要缴纳任何费用，进来的企业和人员也能享受更大程度的自由。同时，因为"自由"，新的经济业态、服务贸易和金融贸易等都会在这里悄然酝酿并发展壮大。

四、中国的自贸区：自由贸易试验区

改革开放初期，我国就有设立"自由港"的提法，但"自由"一词在当时是绕不过去的坎，自由港、自由区在中国的实践很难一帆风顺。不过聪明的中国人还是想出了办法，20世纪80年代初在深圳、珠海、汕头和厦门等地设立经济特区，打开了对外开放的"窗口"；20世纪90年代开发开放上海浦东，建立了全国第一个保税区——上海外高桥保税区。随着改革开放全面铺开，我国相继在多地建立保税区、出口加工区、保税物流园区、跨境工业园区、保税港区以及综合保税区等海关特殊监管区域。2013年3月，李克强出任国务院总理之

后，首站在上海调研，他在外高桥保税区举目四望，给上海建立自贸区以积极的信号。自贸区并不是一个新名称，在国际上也很常见，但我国的自贸区叫作"自由贸易试验区"，这却是一个新鲜事物！2013年9月27日，国务院批复成立的中国（上海）自由贸易试验区，本质上是我国第一个设在境内关外的自由贸易园区，但它与国际上的自由贸易园区又不完全一样。

从名称"中国（上海）自由贸易试验区"不难看出：首先，"中国"二字表明自贸试验区已经跳脱了在某地建立特区、加速提升地区经济转型发展的动议，而是成为中国整体改革开放深入发展的一部分，是一项国家战略；其次，"上海"二字加了括号，这就为我国后续各批自贸试验区设立埋下了伏笔，国家将通过设立自贸试验区形成新一轮全面开放新格局；最后，"自由"与"试验"是自贸试验区的精髓与使命。一方面，自贸试验区肩负着进一步拓展改革开放自由边界的使命，对内解开束缚，给民众和市场以更多的自由，对外扩大开放，融入国际自由市场；另一方面，它是个允许试错、鼓励创新的"试验场"。在允许试错的基础上，放开手脚进行制度创新，打造开放层次更高、营商环境更优、辐射作用更强的开放新高地。

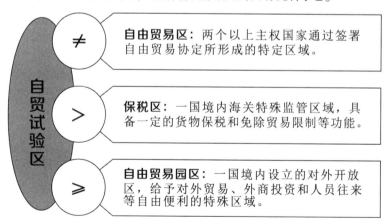

图 1-1　自贸试验区的概念辨析

总之，中国的自由贸易试验区并不是传统的自由贸易园区，而是新时代改革开放的试验区。"自由"为梦想插上了翅膀，这个被寄予厚望的改革"试验场"正成为撬动中国新一轮改革开放的支点。

第二节　自贸区大时代：中国的自贸区战略

1979 年春天，邓小平同志在中国的南海边画了一个圈。时光飞逝，2013 年夏天，国家政府又在中国的东海边画了一个圈，从此开启了自贸区大时代。建设自贸试验区，是我国着眼于国际国内发展大局作出的重大战略决策，是改革开放血脉在当下的传承。2019 年 4 月 27 日召开的第二届"一带一路"国际合作高峰论坛上，习近平总书记提出将新布局一批自由贸易试验区，并加快探索建设自由贸易港。可以说，自贸试验区建设是今后我国继续深化改革、扩大开放的主要突破口。

一、背景：为什么要建自贸区

经济全球化是世界不可逆转的大趋势，但是在 2008 年国际金融危机以后世界经济格局出现了新的发展特点，使得中国经济的外部环境发生了巨大变化。中国经济自身也进入了一个转型期，如何充分利用现有的条件，融入新一轮经济全球化，实现经济可持续发展，是中国面临的重大战略问题。

（一）外在压力

2008 年国际金融危机后，世界经济持续下行，全球经济"蛋糕"不容易做大，甚至变小了，国际经贸领域摩擦不断，发达国家和发展中国家都倍感压力和冲击。美国已经开始试图丢掉对自己没有多少油水，也没有更多话语权的 WTO，另起炉灶重新制定能够自己主导的游戏规则。美、欧、日三大经济体力图通过跨太平洋伙伴关系（TPP）、跨大西洋贸易与投资伙伴关系（TTIP）和多边服务业协议（PSA）形成新一代高规格的全球贸易和服务业规则，以此来边缘化甚至取代 WTO。新一轮的游戏规则基本都是由美国等发达国家制定的，中国被排除在外，面对新的"ABC 世贸规则"（即"Anyone But China"），中国面临"二次入世"的风险，如何适应全球贸易投资新规则的要求，自觉、主动、积极地提升中国的话语权是我国当前的紧要任务。

（二）内在动力

2013 年以来，中国经济发展进入新常态阶段。"新"就是有异于旧；"常态"就是固有的状态，"新常态"的意思是不同于以往的、相对稳定的状态。这意味着中国经济已经进入一个与过去 30 多年高速发展期不同的新阶段。中国的经济增长不可能再依靠生产的低成本、技术的简单模仿等方法获得，必须要向创新驱动转变。中国经济下一步的发展将面临更大的挑战，转型升级的任务极为艰巨，若不能抓住这个时机加快转型，我们将会失去竞争上的主动权。因此，为了解决我国高速发展过程中积累的许多矛盾，改革开放需要"再出发"，需要在更高起点、更高层次上进行谋划、探索和推进。而且这一轮改革进入了"深水区"，这意味着改革难度呈几何级数升级了，只有大胆落子，才能绝处逢生。

在外部压力和内部动力的推动下，中国的开放升级势在必行，但也一定有个顺序和时间。自改革开放以来，中国经济的成功经验告诉我们，进一步改革开放是中国抓住新一轮全球化战略发展机遇，实现中国经济再次腾飞的必然选择。这时候，可以发挥中国传统的"摸石头技术"，先在局部建设自贸试验区，让自贸试验区主动门户洞开，所有国家或地区都可以来自由贸易和投资。自贸试验区成为我国高规格对接世界的窗口，并可以适当将其中的某些高商业标准映射到整个中国经济。自贸试验区诞生的意义在于进一步改革开放，打造中国经济的升级版，是通过制度创新和先行先试的方式深化改革、扩大开放的重大战略举措。

二、目标：要建什么样的自贸区

有人认为建设自贸试验区和经济特区、开发区、高新区等一样，都是为了享受国家赋予的各种优惠政策，主要目的都是为了促进招商引资。这是一种非常狭隘的认识。自贸试验区绝不是政策的洼地，反而是攻坚克难的制度高地；获准设立的自贸试验区并不仅是享受国家政策红利的幸运儿，更是重任在肩、披荆斩棘的新时代探路者。

（一）新时代改革开放的"新高地"

自贸试验区不是政策洼地，所谓洼地就是水往低处流，各处的水都能汇集到这里来。政策洼地，就是国务院、中央部委以及各有关方面，都要给它优惠政策，它能够汇集这些优惠政策从而得到好处。相反，自贸试验区要建成改革开放的制度高地，高地就得不到流来的水了，而且高处会被阳光暴晒、狂风吹袭，必须要有胆量、有攻坚克难的决心，才能够在高地上站稳脚跟。但是，高地也有极大的好处，我们都知道站得高才能看得远，一旦站上高地，必然视野开阔，具有很大的优势。所以，建设自贸试验区，就是要大胆闯，勇于奋斗，要站在高地与世界的高标准看齐，要登高望远，展望未来。

(二) 新时代制度创新的"试验田"

自贸试验区的一大目标就是"制度试验"，作为我国整体经济与社会改革和发展的试验田，为推动全国范围的改革开放提供经验借鉴。具体来说，就是挑选一些具有重大战略意义的制度创新或机制创新项目，在试验区里先行先试，经过总结评估、修正完善，将成功的经验面向全国复制推广。如果试验失败了，由于范围有限，风险可控，影响也有限；而一旦试验成功了，就可以进一步扩大推广并全面对接整个中国经济。建设自贸试验区就像是"种苗圃"，试验取得的可复制可推广的经验，就像是我们在试验田里培育出的良种，要把这些良种在更大的范围内播种扩散，使它们尽快遍地开花结果。

(三) 新时代拉动经济可持续增长的"火车头"

自贸试验区建设的根本目的，就是要验证在经济新常态发展阶段，如何才能实现产业转型升级、如何才能实现我国经济的高质量发展、如何才能落实"创新成为第一动力、协调成为内生特点、绿色成为普遍形态、开放成为必由之路、共享成为根本目的"的发展新理念。因此，建设自贸试验区就是希望以点带面，使其成为拉动我国经济可持续增长的"火车头"。

三、任务：自贸区要做什么

我国的自贸试验区从出生那天起，就天然带着改革和创新的基因，要做的就是用开放来带动改革。改革要改什么？改陈旧的不适应生产力发展的生产关系；要怎么改？用开放的办法改、用创新的办法改、用与国际接轨的贸易和投资规则改。正如习近平总书记对自贸试验区提出的要求：大胆闯，大胆试，自主改。也正如李克强总理指出的：自贸区要勇于承担先行先试的职责，当好改革的掘进机、开放的破冰船，以"三个清单"（权力清单、责任清单、负面清单）为突破口，大胆地试，使权力做减法，给责任做加法，为市场做乘法，用更高水平的改革开放释放经济发展的潜力。

因此，无论是"试"还是"改"，自贸试验区要做的归根结底就是制度创新，可以总结为四个方面。

一是建立以贸易便利化为重点的贸易监管体系。这里的贸易便利化主要是指国际贸易便利化，就是逐步放开海关对外国货物进入自贸试验区的监管，实现货物在境外、自贸试验区以及境内非自贸试验区之间的便利往来。

二是建立以负面清单管理为核心的投资管理体系。"负面清单"是自贸试验区打出的一张"名片"，这一张清单划出了投资的"禁区"，清单之外是更加广阔自由的天地。以负面清单管理为核心进行投资便利化改革，最大限度地充分利用市场本身的能量和发挥企业自身的能量。

三是建立以服务实体经济为中心的金融创新制度体系。扩大金融开放和金融服务创新，在风险可控的前提下，为实体经济发展提供金融支持，稳步实施利率市场化改革和人民币国际化进程。也可以说，风险控制的底线在哪里，自贸试验区金融改革和创新的边界就应该在哪里。

四是建立以职能转变为目标的政府管理体系。我国长期以来重事前准入，轻事中事后监管，造成的结果就是企业准入困难，一旦准入后想让企业退出也不容易，这不符合国际通行的规则。因此，在放开事前准入后，转变政府职能，加强事中事后监管体系是自贸试验区建设急需补足的短板。

四、布局：哪些地方有自贸区

从 2013 年 9 月上海自贸试验区挂牌算起，在短短的 7 年时间里，从"一枝独秀"到"多点开花"，我国分 6 批次建立的自贸试验区达 21 个：先是上海；后是天津、广东、福建；再是辽宁、浙江、河南、湖北、重庆、四川、陕西；接下来是海南以及山东、江苏、广西、河北、云南、黑龙江；最后是湖南、安徽和北京。通过 6 次扩围，形成了覆盖东西南北中的改革开放新格局。纵览自贸试验区空间布局，可以发现有以下特点。

沿海省份自贸试验区全覆盖，成为新一轮改革开放的排头兵。我国的沿海省份开放早，大多数拥有较为雄厚的经济基础和较高的对外开放水平。自贸试验区在沿海的全覆盖布局，有助于沿海地区通过制度创新进一步突破发展瓶颈、拓展发展空间、对标国际率先实现高质量发展。

内陆省份自贸试验区集聚布局，成为中西部开放的新高地。内陆 7 个省份（河南、湖北、重庆、四川、陕西、湖南和安徽）自贸试验区集中连片布局，与长江经济带发展战略遥相呼应，通过制度创新和扩大开放进一步加快发展，助力中部崛起和西部大开发战略实施。

边境省份自贸试验区的设立，成为国家沿边发展的新阵地。边境 3 个省份（广西、云南和黑龙江）分别面向东盟、南亚和东北亚地区开放合作。一方面，有助于发挥自贸试验区的开放引领作用，增强对周边国家或地区的集聚辐射能力；另一方面，也有助于强化我国和周边地区的战略合作，进一步促进经济一体化发展和地缘政治稳定。

总之，自贸试验区覆盖的这 21 个省市，从东部沿海到西部内陆，从东北大地到西南边陲，制度创新的星星之火点亮全国超过一半的省份，未来更将以燎原之势推动各地高质量发展。正所谓"好风天际雁成行"！我国自贸试验区建设"雁阵"飞舞，引吭云霄，正引领国家高水平开放"青云直上"。

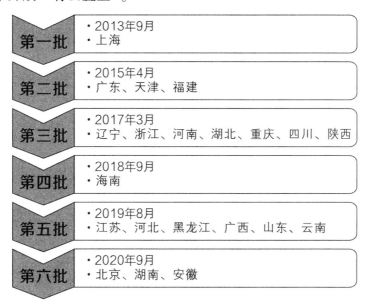

第一批	·2013年9月 ·上海
第二批	·2015年4月 ·广东、天津、福建
第三批	·2017年3月 ·辽宁、浙江、河南、湖北、重庆、四川、陕西
第四批	·2018年9月 ·海南
第五批	·2019年8月 ·江苏、河北、黑龙江、广西、山东、云南
第六批	·2020年9月 ·北京、湖南、安徽

图 1-2　我国现有的自贸试验区

第三节　一局好棋：设立福建自贸区

2015 年 4 月 21 日，福建自贸试验区举行揭牌仪式，正式扬帆起航！福建自贸试验区是继上海之后设立的第二批自贸试验区之一，是国家自贸区战略"大棋局"中一颗重要的"棋子"，福建自贸试验区要把自身的发展放在国家改革开放的大局中去考量、去谋划，做到人无我有、人有我优。福建若能建好自贸试验区，依托自贸试验区，内用政策，加快经济开放与产业转型升级，促进政府治理能力提升；对接台湾，承接先进产业，深化两岸经贸合作，探索两岸自由经济示范区合作；外接东盟，开拓东南亚市场，深度融入世界经济，最终指向繁荣，那么，就是下了一局好棋。

一、福建自贸区的战略意义

福建自贸试验区的获批是一个好消息，福建能够设立自贸试验区是党中央、国务院对福建有殷切的期待。自贸试验区挂牌的第二天，李克强总理就来到福建视察了。福建凭借闽台隔海相望、"21 世纪海上丝绸之路"核心区的优势，将自贸试验区战略定位于建设改革创新试验田、深化两岸经济合作示范区以及面向"21 世纪海上丝绸之路"沿线国家和地区开放合作新高地。其定位明确，彰显地域特色。

（一）建设自贸试验区有利于福建经济全面发展

福建由于历史、地理等因素的影响，其发展一度受到了不少制约，与其他沿海发达省份比有一定差距。为了促进福建经济发展，最快最好的办法就是设立自贸试验区。自贸试验区对福建的影响会像 20 世纪 80 年代的经济特区一样深远，既是当前的，更是未来的。首先，自贸试验区会给福建带来更深程度、更高水平的开放，给福建经济一个迎头赶上的机会；其次，自贸试验区有助于产业转型升级和新兴产业的发展，并倒逼福建各地发展更高水平的产业和配套；再次，自贸试验区会提高政府的治理能力以及服务社会、经济、产业发展的能力；最后，自贸试验区会带动"山海联动"，促进福建各地区经济更加协调地发展。

（二）建设自贸试验区有利于海峡两岸深度融合

海峡两岸深度融合是当前中国发展的一个重要目标，也是中国未来发展的必然趋势。福建对台具有天然优势，在两岸经贸格局中扮演重要角色。福建自贸试验区的设立正如一阵东风，给两岸融合发展带来新的机遇，为两岸经贸合作开拓新空间。自贸试验区的建设不仅会对台湾产生强大的"磁吸"效益，吸引越来越多的台商回流到福建来创业、就业，落户福建自贸试验区，并且使福建作为两岸经贸往来"桥头堡"的角色将更加凸显；而且自贸试验区还会对福建民企走向海外产生积极的引领作用，能够在很大程度上推动海峡两岸经济的共同繁荣，为两岸经济深度融合奠定坚实基础。

（三）建设自贸试验区有利于对接"一带一路"倡议

福建自贸试验区对接"一带一路"倡议具有深厚的历史渊源。福建是"海上丝绸之路"的重要发源地，福建的泉州港、厦门港、福州港等都为"海上丝绸之路"的繁荣发展做出了重要贡献，其中泉州还是联合国教科文组织认定的"海上丝绸之路"的起点。自贸试验区的设立刚好为福建对接"一带一路"倡议提供了一种可行且有效的方式。福建自贸试验区是福建加强"21世纪海上丝绸之路"核心区建设的支点和"桥头堡"，以港口为枢纽，打通东北亚、东南亚，通过印度洋、南太平洋，连贯欧亚大陆，通过寻找新的经济增长点，辐射更广阔的地区，加强福建与"一带一路"沿线国家经贸合作联系，进而实现"一带一路"区域经济共同发展繁荣的宏伟目标。

总之，福建自贸试验区的设立意义重大。不仅意味着福建的改革开放迎来了千载难逢的历史机遇期，而且还标志着福建在国家全局战略中的地位又进一步提升了，并且带来了建设"21世纪海上丝绸之路"先行区、深度融入世界经济的光明前景。

二、福建自贸区的特色

一个自贸试验区必须要有自己的特点，如何做出特色，做出与众不同的地方是关键，如果各个地方的自贸试验区都一样，就没有什么意义了。自贸试验区是福建新的发展区域，海洋经济、海峡两岸经济合作、"海丝"核心区都应该是充实自贸试验区建设的重要内容。福建自贸试验区的特色要从"海上福建""海峡两岸""一带一路"出发，打造自贸试验区建设的福建版本。

（一）"海洋"特色

自党的十八大提出建设海洋强国，海洋经济成为新一轮区域经济发展角逐的热点。福建是海洋大省，海是福建的"半壁江山"，"向海则兴、开海则强"，海洋对福建来说具有特殊意义，直接关系到福建的兴衰和未来的发展。福建的优势在海，潜力在海，除了具有丰富的渔业资源，海峡、海湾、海岛更是福建建设海洋强省的独特优势。海洋是福建高质量发展战略要地，福建怎样真正形成自己发展海洋科技、推进海洋经济发展的经验？这就需要打造以海洋为特色的自贸试验区来进行先行先试。在福建迈向海洋经济大省的征途中，福建自贸试验区有信心成为中国海洋经济发展的"排头兵"。借着自贸试验区政策的东风，一个崭新的"海上福建"扬帆起航。

（二）"海峡"特色

与其他自贸试验区相比，福建最大的特色就是与宝岛台湾距离最近、血缘最亲、缘分最深。自中华人民共和国成立以来，福建在两岸交流合作中一直发挥"桥梁"和"窗口"的作用，在两岸经贸、文化、社会等诸多领域均取得了显著成绩。福建自贸试验区不仅是全方位对外开放，而且对台更开放、对台最开放。对台先行先试是福建自贸试验区独有的特色，这为继续深化两岸经济合作释放了更多的善意、提供了更多的礼包、创造了更优越的合作平台。地理上的优势，加上闽台之前的合作基础，在自贸试验区成立运行后，更有利于闽台产业的对接，台湾的电子产业、服务产业等优势产业就可以更便利地进入福建市场，使自贸试验区成为海峡两岸经济合作的示范区。

（三）"海丝"特色

"海丝"在福建一直是"鲜活"的，表现为不仅是过去时，而且是现在时，更是将来时。以东南沿海为起点的"海上丝绸之路"从古至今在福建一直都没有中断过，特别是改革开放 40 多年来，作为"海上丝绸之路"的重要区域和重点节点，福建一直走在全国前列。福建与"海丝"沿线主要国家的贸易往来密切，福建自贸试验区是连接"海丝"沿线国家和地区的重要枢纽，是不断扩大加深与"海丝"沿线国家和地区经济、文化、人员交流合作的重要依托。福建自贸试验区的设立是否有意义，建设能否达到预期目标，关键要看能否服务于"海丝"大局，能否与"海丝"实现深度对接与全面融合。

三、自贸区来了，福建怎么做

福建加入了自贸试验区的"朋友圈"，"撸起袖子准备加油干"，到底要怎么做呢？简单地说，有了上海自贸试验区建设的珠玉在前，福建自贸试验区的建设内容"出于沪更胜于沪"。一方面，福建自贸试验区以上海自贸试验区的试点内容为主体，在贸易自由化、投资便利化、金融创新和政府职能转变等方面进行制度建设和改革探索；另一方面，再进一步结合福建自身的地方特色，充实新的试点内容。这意味着，福建自贸试验区的建设方案有一大部分与上海相似，另外一小部分不同的内容则体现福建自贸试验区的特色。然而，恰恰是这一小部分体现福建地方特色的内容，令福建自贸试验区充满了发挥想象力的空间。因此，自贸区来了，福建应该着重做好两篇"文章"，即："复制推广"和"地方特色"，撸起袖子打造开放新高地。

借力，复制推广上海经验。上海自贸试验区成立两年来，围绕贸易便利化、外商投资负面清单管理、资本项目的可兑换和金融服务业开放、政府职能转变等方面，进行了一系列体制机制的积极探索和改革创新，形成了一批批可复制、可推广的经验做法，可以分批分期地向全国推广。为了节省制度设计成本、加快福建自贸试验区的建设进程，福建自贸试验区的改革，在许多方面可以采取"拿来主义"，学习、复制和推广上海自贸试验区的成熟经验，让这些宝贵的经验在福建自贸试验区落地生根，开花结果。

发力，打造福建地方特色。福建自贸试验区虽然接棒上海，但上海自贸试验区没有的特色和优势，福建会有。福建自贸试验区在学习、复制和推广上海经验的基础上，更要立足于海洋、海峡、"海丝"等地域特点和比较优势，推进重点领域和关键环节突破，力争再创体制机制新优势，形成符合福建实际、具有福建特色的自贸试验区建设经验和模式。

第二章　数说福建自贸区

小数字里有大时代，福建自贸试验区挂牌运行以来，每一个抽象的数字、百分比，都是以自贸试验区的贸易、投资、金融、产业建设为支点；每一个宏观的翻一番、翻几番的背后都隐藏着更便利的流程、更满意的服务、更优越的制度、更可靠的保障和更国际化的环境。一个真实的、始终向前奔跑的福建自贸试验区，在无数的数字中投下了它的剪影，让我们用数据说话，解码福建自贸试验区，充分展示福建自贸试验区挂牌以来的运行情况和建设成果。

第一节　4 个数字解码福建自贸区

福建自贸试验区凭借闽台和"海上丝绸之路"起点的地缘优势，将总体战略定位设定为"打造改革创新的试验田、两岸经济合作的示范区、面向'21 世纪海上丝绸之路'沿线国家和地区开放合作的新高地"。福建自贸试验区到底怎么建？用 4 个数字从四个方面解码《中国（福建）自由贸易试验区总体方案》（下简称《总体方案》）。

一、"3" 大片区

福建自贸试验区是我国位置上最接近台湾的自由贸易园区，包括福州片区、厦门片区和平潭片区三大片区，实施范围共 118.04 平方公里，"一区三片"的空间范围和跨度较大，特色鲜明。

（一）实施范围

福州片区"两区六片"。福州片区位于福建省东北部，总面积
31.26平方公里。包括福州经济技术开发区和福州保税港区两个区
块。其中，福州经济技术开发区22平方公里，分为马江-快安、长
安、南台岛和琅岐等四片；福州保税港区9.26平方公里，分为A、B
两片。

厦门片区面积第一。厦门片区位于福建省东南部，与金门岛隔海
相望，总面积43.78平方公里，是福建自贸试验区面积最大的片区。
包括两个区块：两岸贸易中心核心区和东南国际航运中心海沧港区。
其中，两岸贸易中心核心区19.37平方公里，含象屿保税区0.6平方
公里（已全区封关）、象屿保税物流园区0.7平方公里（已封关面积
0.26平方公里）；东南国际航运中心海沧港区24.41平方公里，含厦
门海沧保税港区9.51平方公里（已封关面积5.55平方公里）。

平潭片区离台最近。平潭片区位于福建省东部，是大陆距离台湾
最近的地区，只有68海里。总面积43平方公里，采用电子围网监管
模式，具体划分为港口经贸区块、高新技术产业区块和旅游商贸区块
三个功能区块。其中：港口经贸区块16平方公里；高新技术产业区
块15平方公里；旅游休闲区块12平方公里。2014年7月15日，平
潭片区封关运作，启动实施"一线放宽、二线管住、人货分离、分类
管理"的海关特殊监管模式，成为大陆面积最大、政策最优、兼顾居
民生产生活的特殊区域。

（二）区位布局

福建自贸试验区三大片区各具特色，差异化发展，体现"对比试

验、互补试验"的要求，它们的成熟经验将在全国推广。

1. 福州发挥特色与"海丝"相连

"侨、台、海"是福州跻身自贸试验区"国家队"的最大资本。基于这些优势，福州片区立足于自身功能定位，重点建设先进制造业基地、"21世纪海上丝绸之路"沿线国家和地区交流合作的重要平台、两岸服务贸易与金融创新合作示范区。在福州片区中，福州经济技术开发区将强化两岸高新产业合作、服务贸易合作，突出两岸及东盟海洋经济合作，建成"海丝"建设核心先行区；福州保税港区则充分发挥天然深水良港、海铁联运及汽车整车进口口岸优势，对接台北、台中自由经济示范区，重点发展国际物流、国际航运、加工贸易等业务。

2. 厦门"海陆"联动助推两岸融合

厦门是国务院批复确定的中国经济特区，是东南沿海重要的中心城市、港口及风景旅游城市，其开放程度和国际化程度居三大片区之首。根据厦门产业发展和辐射带动需要，厦门片区主要有四个功能：一是重点建设两岸新兴产业和现代服务业合作示范区；二是东南国际航运中心；三是两岸贸易中心；四是两岸区域性金融服务中心。

两岸贸易中心核心区以象屿保税区和象屿保税物流园区为核心。该功能区主要发展高新技术研发、信息消费、临空产业、国际贸易服务、金融服务、专业服务、邮轮经济等新兴产业和高端服务业。主要侧重整合两岸资源和服务优势，以空港、海运为基础，在两岸国际贸易方面开展一系列先行先试，构建两岸经贸合作最紧密区域，成为立足大陆，面向亚太地区的区域性国际贸易中心。

东南国际航运中心经过港口资源整合，已经成为国际远洋中转港口，将着力提升厦门集装箱干线港地位，发挥自身区位优势，大力发展航运物流、口岸进出口、保税物流、加工增值、服务外包、大宗商品交易等现代临港产业，构建高效便捷、绿色低碳的物流网络和服务优质、功能完备的现代航运服务体系，成为立足海西、服务两岸、面向国际，具有全球航运资源配置能力的亚太地区重要的集装箱枢纽港。

3. 平潭"两区"叠加打好"对台牌"

平潭片区是大陆唯一的对台综合实验区，再叠加自贸试验区，从此步入了"双区时代"，成为制度建设的新高地。平潭两区叠加的优势，体现在既有综合试验区的一套特殊体制机制安排，又有自贸试验区所赋予的制度创新试验平台。与其他片区的功能定位比较，平潭片区有三个显著特色：一是，平潭自由贸易试验区是在平潭综合试验区基础上开展试验，在政策上可以实现叠加；二是，平潭突出面向自由港方向发展，在推进投资贸易自由、服务贸易自由、航运自由、人员往来方面更加开放；三是，突出两岸融合、先行先试，台胞在投资贸易和资金人员往来方面实施更加自由便利的措施。重点建设两岸共同家园，着力打造两岸主平台、主通道、主枢纽。

二、"4"大改革突破口

福建自贸试验区三大片区三足鼎立，创新发展的宏伟蓝图已徐徐展开，力争经过 3 至 5 年的改革探索，建成投资贸易便利、金融创新功能突出、服务体系健全、监管高效便捷、法制环境规范的自由贸易园区。改革思路以投资管理、贸易方式、金融开放、政府职能转变为 4 个突破口，一方面复制上海地区的成功经验；另一方面利用国家"先行先试"的政策大胆实施创新。

（一）投资管理

在投资领域，实施投资管理体制改革，构建良好的营商环境。参照上海自贸试验区的管理模式，建立以负面清单管理为核心的投资管理体制，在金融、航运、商贸、通信、教育、旅游、文化等领域对内、对外实行统一的市场准入制度，构建高效、国际化的投资、营商环境。

（二）贸易便利化

在外贸领域，积极推动贸易便利化改革，通过程序和手续的简化、基础设施的标准化和改善，为国际贸易创造一个协调的、透明的、可预见的环境。比照上海自贸试验区做法，允许进出口货物"先入区、后报关"，对货物状态实施分类监管模式。争取闽台先行先试，互认通关单证、查验结果、海关封志和原产地电子证书等，促进闽台贸易便利化。

（三）金融开放

在金融领域，深化金融开放创新，坚持以服务实体经济、促进贸易和投资的便利化为出发点，探索新路径、积累新经验，大力促进福建自贸试验区金融开放创新试点与建设海峡两岸金融中心这两项工作的联动，为全国全省做好金融改革开放工作提供有益的经验。

（四）政府职能转变

在监管领域，对以政府职能转变为导向的事中事后监管制度方面进行改革，加强对市场主体"宽进"以后的过程监管和后续管理，建立事中事后监管的基础性制度，完善专业监管体系，促使以审批制为主的政府管理方式发生根本性转变，提高开放环境下的政府监管水平。

三、"5"大保障机制

找到了福建自贸试验区改革创新的突破口，接下来的改革创新实践就是不断试错的过程。不涉险滩，安能闯关夺隘？既涉险滩，就要为试错多一份理解、包容与支持。创新与变革，需要的不仅是执行者的魄力和拼劲，还要有政策制定者的保驾护航，给改革践行者提供更为稳定的保障。

（一）实行有效监管

围网区域监管。对福建自贸试验区内的海关特殊监管区域，比照上海自贸试验区内的有关监管模式，实行"一线放开、二线管住"的通关监管服务模式，推动海关特殊监管区域整合优化。对平潭片区按照"一线放宽、二线管住、人货分离、分类管理"原则实施分线管理。检验检疫在一线实施"进境检疫，适当放宽进出口检验"模式，在二线推行"方便进出，严密防范质量安全风险"的检验检疫监管模式。

全区域监管。一是对自贸试验区内企业及各项业务进行有效监管。建立企业信用信息采集共享和失信联动惩戒机制，开展第三方信用评级试点；完善企业信用信息公示系统，建立相应的激励、警示、惩戒制度；建立常态化监测预警和总结评估机制，落实企业社会责任。二是加强自贸试验区内监管信息共享和综合执法。构筑以商务诚信为核心的全流程市场监管体系；建立各部门监管数据和信息归集、交换、共享机制，切实加强事中事后动态监管；整合执法主体，形成权责统一、权威高效的综合执法体制。三是提高知识产权行政执法与海关保护的协调性与便捷性，建立知识产权执法协作调度中心和专利导航产业发展工作机制。四是完善金融监管措施，逐步建立跨境资金流动风险监管机制，完善风险监控指标；做好反洗钱、反恐怖融资工作，防范非法资金跨境、跨区流动；探索在自贸试验区内建立金融监管协调机制，形成符合自贸试验区内金融业发展特点的监管体制。

（二）健全法制保障

支持福建自贸试验区在改革试点的过程中确实需要暂时调整实施有关行政法规、国务院文件和经国务院批准的部门规章的部分规定的，按照规定程序办理有关调整。各有关部门要大力支持福建自贸试验区在对台先行先试、拓展与"21世纪海上丝绸之路"沿线国家和地区交流合作等方面深化改革试点，及时解决试点过程中的制度保障问题。福建省要通过地方立法，建立与试点要求相适应的自贸试验区管理制度。

（三）完善税收环境

福建自贸试验区抓紧落实好现有的相关税收政策，充分发挥现有税收政策的支持促进作用。原则上可以在福建自贸试验区试点上海自贸试验区已经试点的税收政策。平潭综合实验区税收优惠政策不适用于自贸试验区内其他区域。此外，在符合税制改革方向和国际惯例，以及不会导致利润转移和税基侵蚀的前提下，积极研究完善适应境外股权投资和离岸业务发展的税收政策。

（四）组织实施

在国务院的领导和统筹协调下，由福建省根据试点内容，按照总体筹划、分步实施、率先突破、逐步完善的原则组织实施。各有关部门要大力支持，加强指导和服务，共同推进相关体制机制创新，在实施过程中要注意研究新情况、解决新问题、总结新经验，重大事项要及时报告国务院，努力推进福建自贸试验区更好更快发展。

（五）评估推广机制

福建自贸试验区要及时总结改革创新经验和成果，由商务部、福建省人民政府会同相关部门，对自贸试验区试点政策执行情况进行综合和专项评估，必要时委托第三方机构进行独立评估，并将评估结果报告国务院。对试点效果好且可复制、可推广的成果，经国务院同意后推广到全国其他地区。

四、"6"项主要任务

福建自贸试验区成立后，从国务院领到了哪些任务呢？结合福建特点和优势，体现"全方位开放、对台更开放、平潭最开放"的设计要求，《总体方案》提出了6项试点任务：切实转变政府职能、推进投资管理体制改革、推进贸易发展方式转变、率先推进与台湾地区投资贸易自由、推进金融领域开放创新和培育平潭开放开发新优势，概括为以下三个方面。

（一）扎实推进全方位开放

一是切实转变政府职能。按照国际化、市场化、法治化要求，加快推进政府管理模式创新，福建省能够下放的经济社会管理权限，全部下放给自贸试验区。依法公开管理权限和流程。加快行政审批制度改革，促进审批标准化、规范化。

二是推进投资管理体制改革。对外商投资实行"准入前国民待遇加负面清单"的管理模式。对有益于促进福建产业转型的外商投资项目，减少或取消对境外投资者资质要求、股权比例、业务范围等准入限制。改革境外投资管理方式，对境外投资项目和开办企业实行备案制。建立对外投资合作"一站式"服务平台。

三是推进贸易方式转变。积极培育贸易新型业态和功能，形成以技术、品牌、质量、服务为核心的外贸竞争新优势。重点发展跨境电商，完善与之相适应的支撑系统；创新加工贸易方式，发展高技术含量、高附加值产品境外维修业务；创新海关监管机制，促进贸易便利化。

四是推进金融领域开放创新。完善人民币涉外账户管理模式，简化人民币涉外账户分类，促进跨境贸易、投融资结算便利化；鼓励银行跨境人民币金融产品创新；推进自贸区企业和个人跨境贸易与投资人民币结算业务。

（二）率先推进与台湾投资贸易自由

一是探索闽台产业合作新模式。减少、消除台商投资限制和障碍，推动台湾先进制造业、战略性新兴产业、现代服务业等优势产业在区内集聚发展。促进闽台产业链深度融合，实现闽台合作研发创新，合作打造品牌，合作参与标准制定。

二是探索服务贸易对台更深度地开放。进一步扩大商业、通信、运输、旅游、医疗、教育等行业对台开放。

三是推动对台货物贸易自由。区内进口原产于台湾的商品简化手续，取消限制性规定。放宽对台小额贸易监管标准。建立闽台通关合作机制，实现两地关键查验认证结果互认。

四是促进两岸来往更加便利。实施更加便利地对台签注手续。简化区内台资企业外籍员工就业许可审批手续，放宽签证、居留许可有限期限，推动两岸机动车辆互通和驾驶证互认。

五是，推动两岸金融合作先行先试。降低台资金融机构准入和业务门槛，适度提高参股陆资金融机构持股比例，并实行参照陆资金融机构监管的国民待遇。

(三) 探索平潭自由港运行模式

一是推进投资贸易自由。凡是符合平潭综合实验区产业目录发展要求的，全面向外资开放，实验区实施备案管理。

二是推进服务贸易自由。对台资独资或控股开发的建设项目，试点实行台湾的规划及工程管理体制。在土地开发、城市规划、工程设计、工程建设、物业管理及维修等方面，为台湾机构参与提供便利。

三是建设平潭国际旅游岛。推行国际通行的旅游服务标准，加快旅游要素转型升级，开发特色旅游产品，建设休闲度假旅游目的地。给予离岛旅客购物免税、境外旅客购物离境退税政策。

第二节　福建自贸区的 2.0 时代

一、福建自贸区三年而立

三年是福建自贸试验区的探索试验窗口期，是自贸试验区建设的 1.0 时代。三年前，福建肩负起国家使命，踏上建设自贸试验区的新征程。三年来乘风破浪、奋力前行，这片试验田紧抓制度创新，不断用创新底色刷亮发展成色，结出累累硕果，基本达到了总体方案的预期目标。

（一）福建自贸区三年答卷

据福建自贸试验区发布的数据显示，三年来，福建自贸试验区在投资、贸易、深化对台合作、事中事后监管、知识产权保护等领域形成了一大批可复制、可推广的经验，为福建省开放型经济体系建设探路，切实在深化两岸经济合作和建设"21世纪海上丝绸之路"中发挥了引领和促进作用。截至2018年4月，福建自贸试验区总体方案中所规定的182项重点试验任务已实施了178项，实施率达97.8%；累计共推出实施创新举措310项，其中全国首创的有106项。

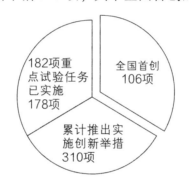

图 2-1　福建自贸试验区三年创新试验成果

在"三年而立"的时间里，福建自贸试验区在创新探索上是永无止境的。在全国率先实施"三证合一""一照一码"商事登记改革制度，解决了企业多码、多部门登记问题，缩短企业设立时间；率先建成国际贸易"单一窗口"，实现国际贸易管理业务一站式办理；积极探索闽台合作新模式，率先在医疗、旅游等50多个领域对台开放；率先落实台资企业和台胞同等待遇，三年来福建自贸试验区内新增台资企业2005家，合同台资58亿美元，建成8个两岸"三创"基地，为台胞来闽创业就业提供了全方位、一站式服务……一个具有福建特色、对台先行先试的"福建自贸区样本"正在形成。

（二）三大片区三年成绩

福建自贸试验区的三个片区，定位不同、发展阶段不同、经济基础不同、区位优势不同，有不同分工和区别发展，三年来，三个片区都进步显著，成效卓越，取得了不俗的成绩。

福州片区在投资便利化、贸易便利化、金融开放创新、对台先行先试、事中事后监管等多个领域推出 400 多项创新举措，其中全国首创 39 项。"'一照一码'登记制度"等 15 项创新举措已在全国复制推广，65 项创新举措在全省复制推广，85 项创新举措在全市复制推广。三年来，福州片区通过"整车进口口岸""跨境电商基地""两岸金融合作示范区"等 19 个重点平台载体建设，将改革创新与服务实体经济发展紧密结合起来。三年来，福州片区新增企业近 3 万户，比挂牌前增长 4 倍。其中，新增外商投资 920 个、注册资本 535 亿元，分别占全市 43.36%、63.96%。片区内新增台资企业数 382 户、注册资本 33 亿元，分别占全市 52.11%、54.8%，有力促进了榕台交流，打造两岸经贸合作先行区。

平潭片区在投资、金融、对台等方面先行先试，出台一大批创新举措，促进了当地产业发展和对台对外开放，走出了自贸试验的新路子。三年来，片区累计推出 11 批次 126 项创新举措，其中全国首创 55 项；对台创新举措 42 项，占 3 成以上；61 项创新举措在全省复制推广。推出 3 批次 29 项开放措施，开放举措量居全省前列。投资业态不断拓展，跨境电商、文创、物流、旅游、金融等产业成为推动平潭经济发展新引擎。三年来，累计新增企业 7108 家，注册资本 3290 亿元；新增外资企业 578 家，注册资本 385.1 亿，其中台资企业 522 家，注册资本 297.1 亿，占外资企业比重 90.3%。

厦门片区三年内一共完成了自主创新试点 214 项任务，在福建省 11 批次共通报 285 项创新举措中，厦门片区有 134 项，其中 49 项属全国首创。作为经济特区，厦门在政策上本有先天优势，而在自贸试验区成立之后，更是一日千里，营商环境进一步改善。经第三方评估，厦门营商环境排名从 2014 年片区挂牌前的全球第 61 位，提升至 2017 年的第 38 位，片区内企业对自贸试验区创新政策好评率达 96.9%，航空维修、融资租赁、航运物流、国际贸易、高端制造、金融服务、创新创业等产业实现长足发展。

二、福建自贸区的 2.0 时代

2018 年，国务院正式印发《进一步深化中国（福建）自由贸易试验区改革开放方案》（下简称《深改方案》），这是福建自贸试验区设立以来，国家出台的第二个改革方案。这一重磅文件，是对原来总体方案的继承和深化，为下一步福建自贸试验区的改革开放指明了具体的目标和方向。可以说，福建自贸试验区自此开启了 2.0 时代，更高层次的自贸试验区改革迎来了又一个令人瞩目的时期。

（一）持续深化，做制度创新"领头羊"

《深改方案》为福建自贸试验区建设绘就了一张升级版的"施工图"：围绕进一步提升政府治理水平、深化两岸经济合作、加快建设"21 世纪海上丝绸之路"核心区，提出了打造高标准国际化营商环境、推进政府服务标准化透明化和加强闽台金融合作等 21 个方面的具体举措。福建自贸试验区唯有做制度创新的"领头羊"，通过降低制度成本，增强竞争力，才能吸引更多企业落户，实现做大流量规模的目的。

（二）加大自贸试验区"溢出效应"

《深改方案》紧扣福建地方发展实际，要求把福州、厦门、平潭的改革成果尽快辐射到福建全省和周边地区，促进区域联动发展，加强与其他自由贸易试验区的交流合作。这就需要加大自贸区的"溢出效应"，放大改革开放的试验成果。福建自贸区应立足更高标准，进一步深化"放管服"改革，加快对标国际先进规则，积极营造稳定、公平、透明、可预期的营商环境和市场环境，重点吸引跨国公司、重点华商企业、台湾百大企业落户福建自贸区内，形成大的产业集群。

（三）促闽台特色转化为优势

对台先行先试是福建自贸试验区独有的特色。《深改方案》要求福建进一步发挥沿海近台优势，在创新产业合作新机制、建立通关合作新模式、闽台金融合作、打造创新创业新平台、拓展交流交往新渠道等方面提出了一系列新举措。要根据《深改方案》要求和"惠台31条措施"，进一步完善就业扶持政策，创新金融产品和金融服务，为台湾青年、普通民众来闽创业就业和生活创造便利。深化闽台人文交流、增强在地台商的精神认同和归属感外，要通过跨境电商、设立产业专项基金、开展融资专案合作等途径，拓展台湾中小企业商品进入渠道，帮助在闽台湾中小企业摆脱融资困境。

第三节　数说福建自贸区5周年成果

福建自贸试验区于2015年4月21日正式挂牌成立，至今已走过5年不平凡的历程。经过5年的发展，福建自贸区已基本实现了《总体方案》和《深改方案》确定的发展目标，建立了与国际投资和贸易通行规则相衔接的制度体系，发挥了深化改革扩大开放的试验田作用。5 年来，福建自贸试验区有着怎样的成长足迹？取得了哪些建设成效和制度创新成果？一张干货满满的福建自贸试验区 5 周年成绩单，让您全知晓。

一、持续推进改革创新

福建自贸试验区经过 5 年的改革探索，制度创新走在全国前列，一些首创性的"福建经验"推动了国家根本性的制度变革。截至 2020 年底，《总体方案》186 项重点试验任务，绝大部分已实施，并且取得明显成效；《深改方案》136 项重点试验任务已实施 127 项，实施率达 93.4%。5 年来，累计推出 16 批 446 项创新举措，全国首创占 40.6%；有 40 项创新举措作为改革试点经验被全国复制推广或评为"最佳实践案例"。2020 年，新推出全球质量溯源体系、集成电路保税检测、港内航行船舶"多证合一"等 70 项制度创新举措，其中全国首创 39 项，对台 13 项。2020 年，研究起草《福建自贸试验区扩区初步方案》，经省委省政府主要领导审定并同意上报，下一步，将积极通过各种渠道向中央争取。

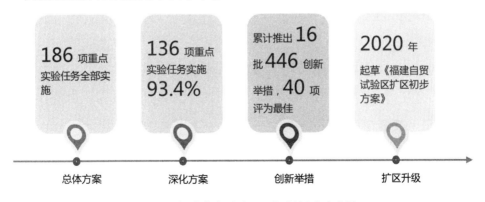

图 2-2　福建自贸试验区五年创新试验成果

二、示范效应日益明显

国务院及五部委发文集中在全国复制推广的五批 109 项试点经验中，福建自贸试验区报送 34 项，占 31.2%，走在全国前列。同时，有 156 项创新成果由福建省政府发文在全省复制推广，自贸试验区与自主创新示范区"双自联动"推出 12 项科技创新成果在省内推广。2020 年，新增 6 项改革创新成果由国务院发文在全国推广，23 项改革创新成果由省政府发文在全省推广实施。2 项入选中组部攻坚克难案例，供全国党员干部在"不忘初心、牢记使命"主题教育中学习。福建自贸试验区取得的经验加快复制推广，示范效应日益明显。

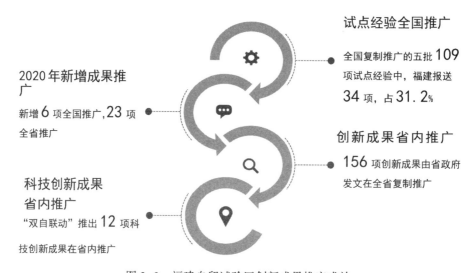

图 2-3　福建自贸试验区创新成果推广成效

三、发展动能显著增强

（一）市场规模稳步扩大

5 年来，福建自贸试验区累计新增企业 9.8 万户、注册资本 2.1

万亿元，分别是挂牌前历年总和的 6.4 倍和 9.6 倍。税收年均增长 45.4%，高于全省 41 个百分点。进出口年均增长 12.8%，高于全省 6.5 个百分点。2020 年，区内新设企业 1.38 万户，注册资本 2724.6 亿元。新增外资企业 354 家，合同外资 20.6 亿美元。

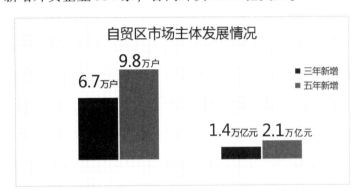

图 2-4　福建自贸试验区市场主体新增数量

（二）重点平台加快发展

福建自贸试验区出台了 16 个重点平台的建设方案，采取五个 "一"的方式，即"一个重点平台、一个招商方案、一批目标企业、 一支招商队伍、一套招商政策"，有力促进物联网、航空维修、融资 租赁、跨境电商、进口酒等重点平台做大流量，为全省产业转型升级 提供支撑。2020 年，三大片区分别出台重点平台提升行动方案，推动 物联网、基金小镇、航空维修、进口燕窝、两岸影视基地等一批具有 示范带动作用的产业平台做大做强。

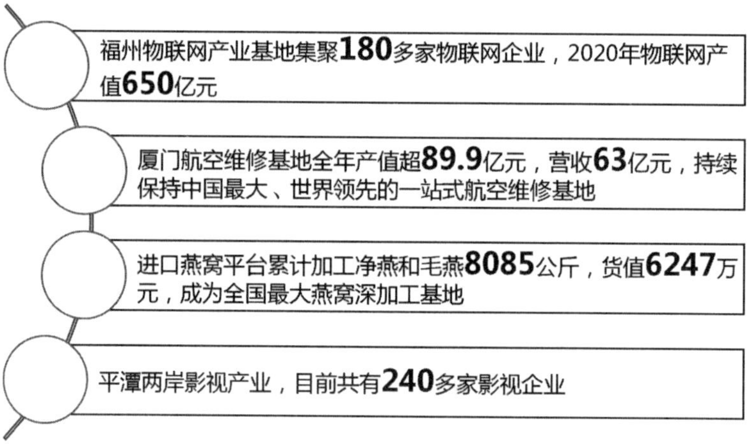

福州物联网产业基地集聚**180**多家物联网企业，2020年物联网产值**650**亿元

厦门航空维修基地全年产值超**89.9**亿元，营收**63**亿元，持续保持中国最大、世界领先的一站式航空维修基地

进口燕窝平台累计加工净燕和毛燕**8085**公斤，货值**6247**万元，成为全国最大燕窝深加工基地

平潭两岸影视产业，目前共有**240**多家影视企业

图 2-5　福建自贸试验区重点平台建设成效

（三）新业态新模式稳步发展

充分利用自贸试验区制度创新优势和"保税+""金融+""互联网+"等政策优势，培育形成跨境电商、融资租赁、离岸贸易等一批新业态新模式，推动形成一批新兴产业集聚区。2020 年，跨境电商实施 B2B 出口监管试点，已实现 9610、1210、9710、9810 等业务全覆盖，进出口规模迅猛增长。福州 1233 国际供应链管理平台成交金额超过 412 亿元。厦门片区飞机融资租赁业务已完成 132 架，租赁资产达 82 亿美元，成为全国第一大二手飞机融资租赁和第四大飞机融资租赁集聚地。

四、营商环境大幅提升

（一）商事制度改革更深入

推进商事制度全流程改革，企业设立经营更简便，企业开办实行线上"一网办"和线下"一窗办",通过推出企业登记"三证合一、一照一码"、企业名称"自助查重、自主选用"、企业经营"证照分离"、证照联办、证照即办等举措,"准入"和"准营"同步提速,企业开办环节从 7 个压缩至 2 个,开办时间从 10.8 个工作日压缩至 2.5 个工作日,最快可当日办结。

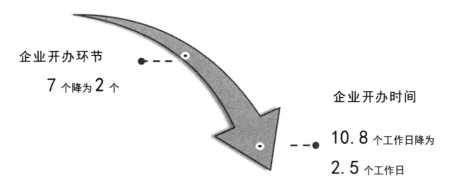

企业开办环节

7 个降为 2 个

企业开办时间

10.8 个工作日降为

2.5 个工作日

图 2-6　福建自贸区商事制度改革成效

（二）外商投资更开放

福建自贸试验区对标国际先进规则,探索实施外商投资准入前国民待遇加负面清单管理模式,外商投资清单之外的领域从审批改为备案,直至目前取消备案,实行内外资平等。2020 年,区内新增外资企业 354 家,合同外资 20.6 亿美元。

（三）项目落地更快速

推出工程建设项目审批"五个一"、投资审批"四个一"改革,审批环节、材料大幅压缩,效率大幅提升,为全国改革提供了样本。税务、供电、不动产登记等领域推进集成化改革,构建立体的便利化服务体系,有效激发了市场主体创新、创业、创造的活力。

（四）国际贸易更便利

国际贸易单一窗口上线 4.0 版，全面汇聚融合进出口业务流、货物流、信息流、资金流，实现关港贸税金一体化全链条运作。联通 43 个部门，服务企业 6 万多家，日单证处理破 100 万票。首创推出关检"一站式"查验、"先放行、后改单"等通关便利化举措，率先推进口岸降本增效，全省进出口货物整体通关时间分别压缩至 32.03 小时、1.47 小时。推进智慧港口建设，率先建成航空电子货运平台，口岸物流公共服务平台，全国首个 5G 全场景应用码头，全面实施集装箱货运提货单及设备交接电子化操作等，跨境贸易便利化全国领先。

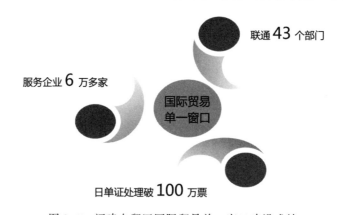

图 2-7　福建自贸区国际贸易单一窗口建设成效

（五）智力支持更充分

出台《福建自贸试验区人才工作十四条措施》，组建专家顾问队伍，为自贸试验区建设提供智力支持。2019 年，福建省商务厅（自贸办）与厦门大学共同成立全国首个自贸区学院，以理论创新引领更高层面、更深层次的实践探索，推动进一步"大胆试、大胆闯、自主改"。

五、金融开放稳步推进

（一）金融机构大量聚集

5年来，福建自贸试验区持续完善自贸区金融服务体系，区内持牌金融机构达163家，类金融机构近9600家。

（二）跨境融资规模扩大

支持企业和金融机构通过向境外借款、发债等方式开展本外币跨境融资，至2019年底，累计办理人民币跨境业务4942亿元。鼓励跨国企业集团开展跨境人民币双向资金池，累计流入资金116.8亿元。试点外币资金集中运营管理，累计集中外债额度14.1亿美元，跨境资金流入4.6亿美元。

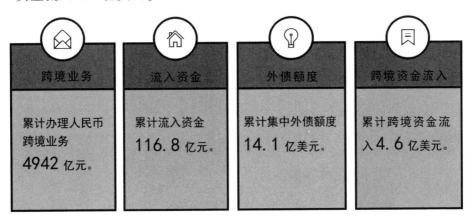

图2-8　福建自贸试验区跨境业务成效

（三）外汇改革步伐加快

加快外汇改革步伐，推进资本项目管理便利化试点，将先行在特殊经济区域台资企业开展的试点推广到全省台资企业，并在自贸试验区推出力度更大的改革举措。

（四）金融产品不断丰富

推出银税互动、关数E、关税保证保险、同业联合担保等创新举措，有效解决中小企业贷款难的问题。

六、两岸合作持续深化

福建自贸区设立5年来，推出89项对台交流合作创新举措，其中47项为全国首创。在吸引台湾产业和人才方面"摸着石头过河"，出台了诸多惠台政策，也在试验的过程中，逐步完善政策。

（一）对台产业更开放

电信、旅游、建筑、金融等50多个领域率先对台开放，先后引进台资独资演艺经纪公司等一批首创性台资项目。2020年新增台资企业230家，合同台资7.7亿美元，分别占全省同期的18.7%、22.7%；至2020年6月，累计新增台资企业2569家，合同台资69.7亿美元，分别占全省同期39.8%、41.7%。

（二）对台贸易更便捷

开辟"平潭—高雄""马尾—马祖—台北"等多条新航线，启用两岸检验检疫电子证书互换与核查系统，采信台湾检验结果，实行"源头管理，口岸验放"等便利化措施，企业通关速度平均提高50%以上，福建已经成为台湾商品输往大陆最便捷的通道。

（三）金融合作更深入

福建自贸试验区在全国首创设立两岸征信查询系统，通过开通台胞台企征信查询、发放"金融信用证书""麒麟卡"等途径，向台胞台企提供贷款、担保、授信等金融服务，满足台胞台企在大陆创业、就业对资金的需求。2020 年，全省共有 86 家金融机构开通台湾地区信用报告查询，累计查询台企台胞信用信息 461 笔，相应查询的企业和台胞累计获得贷款 39223.5 万元和 8218.5 万元。平潭片区向台商台胞发放"金融信用证书"，39 位台胞获得信贷授信 780 万元，发行台胞专属金融服务"麒麟卡"1600 多张；23 家台湾地区银行机构在厦门开立 41 个人民币代理清算账户，清算金额 1281.2 亿元。海峡股权交易中心和两岸股权交易中心获批设立"台资板"，共挂牌展示台企 1700 多家。

（四）人才交流更自由

设立一站式"台胞台企服务中心"等综合服务平台，统一受理行政审批及公共服务事项。台胞参加社保、购房、购票等享受同等待遇。完成 134 大项（268 小项）国家职业资格标准比对，全省直接采认台湾居民 20 个工种职业资格、52 项台湾职业职称。对台职业资格采信工作进入常态化，平潭片区 2020 年颁发职业资格证书 294 本，发放职业技能等级证书 73 本。此外，福建全省已有 73 个对台的双创基地，其中包括 12 个国家级、23 个省级基地；设立 13 个台湾青年"三创"基地，累计吸引台企 610 多家、台胞 2500 多人入驻，是全国台青创业基地最多的省份。

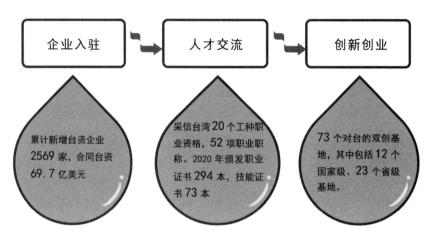

图 2-9　福建自贸试验区对台交流合作成效

七、助力"海丝"核心区建设

(一) 交流合作频繁

经贸往来热络,建立境外投资服务平台和"走出去"服务联盟,推进马来西亚燕窝产业园等一批大型项目。在先进制造业领域,积极开展与马来西亚、越南等国企业的国际技术交流。

人文交流频繁,厦门自贸片区获批"一带一路"部分国家外国人144 小时过境免签政策,依托国家文化出口基地,开展东南亚中国图书巡回展等活动。

(二) 连接通道顺畅

打造区域性国际航运枢纽,开辟多条"一带一路"航线。中欧国际班列积极开展过境货物海铁联运,实现"海丝"与"陆丝"无缝衔接,打造物流新通道。

中欧班列开通至欧洲和中亚及俄罗斯的三条国际货运干线,主要通达 12 个国家和 34 个城市，通过海铁联运实现台湾地区、东南亚国家货物与欧洲、中亚的对接，累计发运 700 余列。2020 年，班列发运 271 列，货值 67.9 亿元，分别比增 15.8%、34.5%。"丝路海运"正式开行，2020 年，开通"海丝"航线已增加至 62 条，共开行 2455 个航次，完成集装箱吞吐量 237.5 万标箱，有效助力供应链的稳定畅通。

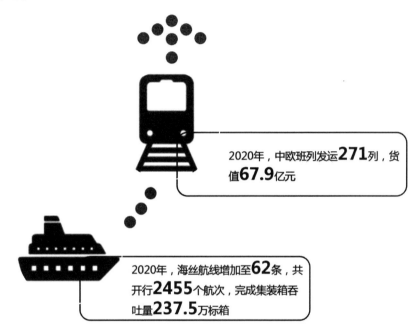

2020 年，中欧班列发运**271**列，货值**67.9**亿元

2020 年，海丝航线增加至**62**条，共开行**2455**个航次，完成集装箱吞吐量**237.5**万标箱

图 2-10　福建自贸试验区助力"海丝"核心区建设成效

第三章　图解福建自贸区工作

福建自贸试验区建设的核心是扩大开放、深化改革和制度创新。围绕这一核心，福建自贸试验区是如何开展各项实践工作的呢？本章主要以福建自贸试验区的成功实践经验为基础，结合新形势和新政策，从制度创新层面对福建自贸试验区建设运行的各个主要方面，给出简要的实践操作描述。用一张张简单的图画对制度创新及主要建设任务的操作规范做出图文并茂的解说，使我们对福建自贸试验区的实践工作具备初步的认知。

第一节　以职能转变为目标的政府管理体系

福建自贸试验区的第一项主要任务就是加快转变政府职能，按国际化、市场化、法治化要求，建立与国际高标准投资和贸易规则体系相适应的行政管理体系。福建自贸试验区挂牌运行后，取消大量行政审批制度，推动各部门信息交换与信息共享，经过几年的改革探索，逐步建立并完善了基于大数据的高效的政府管理体系。

一、图解福建自贸区管理架构

福建自贸试验区的管理体系设置包括省级管理机构和各级管理机构，工作运行涉及近 30 多个部门，如图所示，省级成立了"福建自贸试验区工作领导小组"（下简称"省领导小组"），是自贸试验区工作的最高领导机构，以省委书记为组长、省长为第一副组长、常务副省长和分管副省长为副组长。由"一把手"挂帅的领导小组体现了福建省对自贸试验区工作的高度重视。

省领导小组设"福建自贸试验区工作领导小组办公室"（下简称"省自贸办"）。省自贸办设在福建省商务厅，由商务厅厅长兼自贸办主任。省自贸办负责传达落实省领导小组的重要决策部署，承担省领导小组的日常工作，统筹指导、综合协调自贸试验区各项工作，比如组织制订自贸试验区有关政策措施、规章制度和工作计划，总结、评估、推广创新成果等。

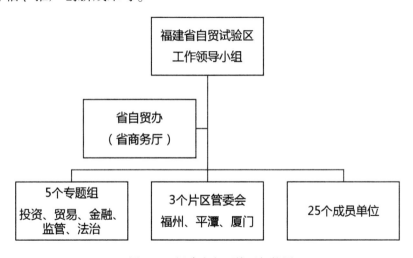

图 3-1　福建自贸区管理架构图

省自贸办下设 5 个专题组、3 个片区管委会以及 25 个成员单位。5 个专题组分头指导督促、跟踪分析总体方案和省领导小组对各自相关领域的决策部署，组织协调试验任务和试验项目牵头单位，争取对口国家部委的支持。3 个片区各自成立管委会：福州片区管委会，以福州保税港区管委会为主组建；厦门片区管委会，以海沧保税港区管委会为主组建；平潭片区管委会，与平潭综合实验区管委会合署办公。管委会主要负责推进和落实自贸试验区各项改革试点任务、统筹管理和协调有关行政事务、负责区内综合执法和综合服务工作等。25个成员单位覆盖福建省委、省政府多个部门，以及海关、质检等中央驻闽部门，有助于提高政策落实效率。

二、深化商事登记制度全流程改革

福建自贸试验区持续推进商事登记制度改革，针对企业开办时间长、环节多的痛点，依托线上"一网办"和线下"一窗办"，优化开办企业的流程，持续推进企业开办全流程便利化改革，通过"一企一证""证照分离""证照联办"等改革，不断刷新"审批时速"。

图 3-2　企业开办流程

（一）"三证合一、一照一码"登记制

福建自贸试验区率先实施开办企业"三证合一、一照一码"登记制，由工商部门在营业执照上加载 18 位统一社会信用代码，税务和质监部门不再另外赋码和发证，极大简化了开办企业的办理证照流程和材料。

图 3-3　"三证合一、一造一码"登记制

（二）自助打照，印章即刻，照章同取

福建自贸试验区率先研发了"自助登记打照"系统，个体经营者经自助服务机人脸、身份证识别认证后，就可以自助填写提交申报材料，经网络后台即时审核通过后，经营者可以在自助机上直接打印和领取营业执照，整个过程最快只需要5分钟。在自贸试验区综合服务大厅，还设置印章刻制点，同步企业营业执照信息，企业印章即刻即取，实现了营业执照和公司印章同时领取。

（三）税控发票线上申领，快递上门

福建自贸试验区持续优化纳税服务，构建"在线办、掌中办、自助办"的立体便利化服务体系。推出税控发票网上申领系统，可以通过国税官网、微信、手机 APP 等进行线上申领发票，线下快递配送，经营者不用迈出家门，就可以完成发票申领。

（四）银行开户同步办理

福建自贸试验区进一步打通了市场监督部门和商业银行之间的数据通道，将企业开办流程延伸到银行开户环节，率先实现了开办企业注册登记与银行开户并行申请，同步审批。

除上述创新举措外，福建自贸试验区还在全国率先试行商事主体名称"自助查重、自主申报"，试行企业联络地址登记制度等。福建自贸区的商事制度改革，从企业开立的各个环节入手，全面推动减流程、减时间、减成本，被称为"全国范本"。

三、企业办事"单一窗口"

福建自贸试验区的工作以平台为载体，无论线上"一网办"还是线下"一窗办"，都是通过平台实现了各个部门之间的对接与联动。企业的各种政务服务事项通过平台的统一身份认证，实现"一号申请、一窗受理、一网通办"，为企业办事提供便利，提高效率。

（一）企业办事"一表填报"

福建省商务厅会同工商、质监、税务、海关、检验检疫、外管、社保和财政局等部门，将企业办事需要填报的信息汇总成一份大表格，企业办事只需要登录福建省网上办事大厅，填报一张表格就能完成申报。

（二）申请材料"一站受理"

企业完成"一表填报"之后，既可以通过福建省网上办事大厅的办事系统在线提交申报材料，也可以到综合服务大厅由工作人员现场指导并经一个办事窗口递交申报材料。原来由多部门多站点受理的事项归集为单一窗口，一站受理。

（三）部门间信息共享同步审核

依托信息技术，福建自贸试验区将"后台"打通，企业填报的表格数据经审核后，通过政府信息共享平台自动导入各部门数据库，商务、工商、质监、税务、海关、检验检疫、外管、社保和财政局等部门，根据企业申报的办事内容分别进行审批、备案和登记。

（四）办理事项限时办结

福建自贸试验区改变了以往部门之间互为前置的串联审批制度，实行并联审批，大大缩短办理各项事务的时限，各项事务必须在限定时间内办理完结，极大提高了政府的办事效率。

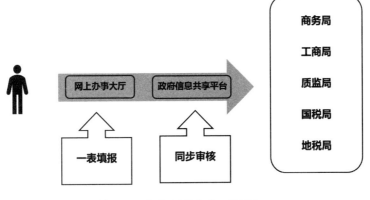

图3-4　企业办事"单一窗口"

四、优化事中事后监管制度

自贸试验区不仅重在"放"，也重在"管"。企业的"宽进"对政府部门过程监督和后续管理提出了新挑战，政府以事前审批向事中事后监管转变，做到既要"放得开"，还要"管得住""管得好"。

（一）企业信用分类监管制度

企业信用分类监管是政府部门根据企业的信用状况，建立相应的管理机制，依法实施分类监管。福建自贸试验区内企业按信用状况被分为守信和失信两类，信用良好、守信、失信、严重失信四档，接受差别化的监管。对信用良好和守信企业，减少抽查次数和抽查频率，除被举报投诉外，一般不进行实地检查；对失信和严重失信企业，增加抽查次数和频率，依法实施严管重罚。

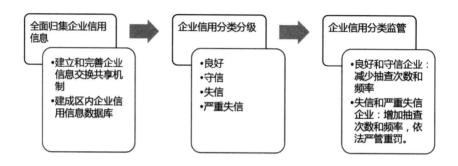

图 3-5 企业信用分类监管制度

（二）风险防控清单监管制度

为了实现更大胆放开，就必须底线守住，福建自贸试验区在放宽准入门槛的同时，强化风险防控。由福建省工商局牵头组织，针对自贸试验区放宽行业准入、扩大对外开放和机制体制创新后可能出现的监管风险，提出了全国自贸试验区第一张监管风险防控清单。

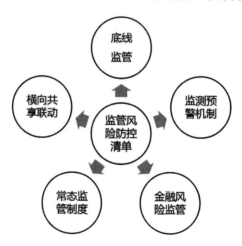

图 3-6 监管风险防控清单体系

清单梳理了 55 个风险点，制定了 88 条防控措施，确定了 18 个底线风险，牢牢守住风险底线。

（三）"双随机、一公开"监管机制

"双随机、一公开"，即在监管过程中随机抽取检查对象，随机选派执法检查人员，抽查情况及查处结果及时向社会公开。随机抽取和随机选派都要通过拍照、录音、录像等方式记录全过程。推行"双随机"是为了解决一些领域可能存在的检查任性和执法扰民、执法不公、执法不严等问题，营造公平竞争的发展环境；推行"一公开"既是为了通过对外公示，督促企业整改，做到执法公平公正；又是为了缓解市场信息不对称，通过公示信息，给市场多一份参考信息。

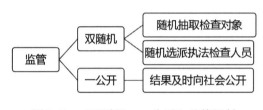

图 3-7　"双随机、一公开"监管机制

（四）多元化纠纷解决机制

福建自贸试验区借鉴国际经验，加强法治服务保障体系建设，推出多项法治创新举措，积极构建多元化纠纷解决机制，不断完善法治化营商环境。通过设立自贸区法庭、自贸区检察室、国际商事仲裁院、国际商事调解中心、知识产权"三合一"巡回审判法庭、台胞权益保障法官工作室、海峡两岸仲裁中心等，不断提升自贸试验区法治服务保障水平，增强了企业深耕自贸试验区的底气和信心。

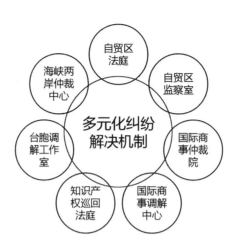

图 3-8　多元化纠纷解决机制

第二节　以便利化为重点的贸易监管体系

福建自贸试验区不断探索与国际经贸规则相适应的贸易便利化监管体系，深化贸易监管方式改革，推进国际贸易单一窗口建设，充分利用信息技术，推广智能化通关模式，提高通关效率，降低贸易成本，助力福建省外贸发展。

一、"一线放开、二线管住、区内自由"的监管制度

自贸试验区贸易监管的最大特色是特殊海关监管制度，即"一线放开，二线管住，区内自由"。一线是国境线，即从境外到自贸试验区内；二线是自贸试验区的空间分割线，即自贸试验区与境内其他区域之间的分割线。这种分线监管是自贸试验区在进出境及贸易监管方面的制度创新，对提升通关效率、简化办事手续、降低企业成本都是十分有利的。

（一）一线放开

所谓"一线放开"就是境外到自贸试验区的"一线关"全面放开，自贸试验区与境外"有国境但无关境"。除少数禁止入境的货物外，境外的货物可以自由的、不受海关监管的进入区内；区内的货物也可以自由的、不受海关监管的运出境外。时下很流行的一些关键词如"先入区，后报关""快验车道"等都是对此很好的诠释。当然，福建自贸试验区一线的放开是一个过程，其设定的目标是"一线逐步彻底放开"。

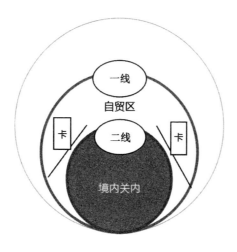

图 3-9　一线放开，二线管住

（二）二线管住

所谓"二线管住"意味着自贸试验区与国内之间是"无国境线但有关境线"。自贸试验区和境内其他区域之间的进出货物，实行智能化卡口、电子信息联网管理，并逐步完善清单比对、账册管理、卡口实货核注的监管制度。

（三）区内自由

所谓"区内自由"简单来说就是指货物在自贸试验区内可以自由的流通、储存、加工、使用以及直接出境。目前福建自贸试验区简化了区内货物流转手续，按照"集中申报、自行运输"的方式，推进区内企业间货物流转。区内企业还可以根据政策在自贸试验区内开展保税展示交易、境内外维修等业务。

图 3-10 区内自由

二、国际贸易单一窗口制度

（一）什么是国际贸易"单一窗口"

国际贸易单一窗口是世界各国自由贸易园区贸易通关便利化的重要措施。根据 WTO《贸易便利化协定》要求，各成员建立单一窗口，使贸易商通过与主管机构的单一接入点提交进出口及过境的单据或数据。简单说，就是国际贸易或运输企业可以通过一个单一的平台，向多个相关政府机构，提交货物进出口或转运所需要的单证或电子数据，用以办理涉及海关、检验检疫、海事、出入境边检、港务等多个监管部门的事务。国际贸易"单一窗口制度"提高了监管效率，缩短了通关时间，降低了企业通关成本。

（二）福建国际贸易"单一窗口"

福建国际贸易"单一窗口"是福建自贸试验区推进国际贸易便利化的重点项目。2015 年 4 月，"单一窗口"上线运行，企业在"单一窗口"平台一次性递交海关、检验检疫、边检、海事等口岸监管部门需求的信息，并接受材料初审，口岸监管部门将办理结果直接反馈到"单一窗口"平台，企业在一个窗口就可领取办理通知或审批文件，大大节约了时间和成本。福建国际贸易"单一窗口"的主要特点如下。

建设标准"高"。福建国际贸易"单一窗口"对标国际先进，一期建设参照新加坡的单一平台模式，二期建设从规划开始就聘请国际首个"单一窗口"设计和运营商——新加坡劲升逻辑公司参与。这样高起点规划，高标准建设，使得福建昂首走在全国前列，成为"单一窗口"建设国家标准的主要起草单位。

功能覆盖"全"。福建国际贸易"单一窗口"服务功能基本覆盖企业进出口全流程。目前已实现与 40 多个部门信息互联互通，上线了货物、舱单、运输工具和许可证件申报，以及原产地证书申领、企业资质办理、出口退税、税费支付、物品通关、加贸保税、跨境电商、移动应用、口岸监测、查询统计等 14 大类 110 项基本政务服务功能，惠及生产、贸易、仓储、物流、电商、金融等各类企业，基本满足国际贸易"一站式"业务办理需求。另外，还推出了贸易金融、出口信保等项目，为企业生产经营和开拓市场提供便捷和实惠。

窗口速度"快"。国际贸易"单一窗口"上线，实现企业办理国际贸易相关业务由分散办理向"一站式"集中办理转变，相当于给外贸服务按下了"快进键"，真正实现了让数据多"跑路"，企业少"跑腿"。

版本升级"新"。自2015年上线以来，短短5年时间，"单一窗口"从1.0版升级到4.0版，窗口服务一再升级贸易又添新捷径。2020年上线的4.0版，突出提供全链条一体化服务，应用大数据、人工智能和区块链等新一代技术，全面汇聚融合进出口业务流、货物流、信息流、资金流等"四流合一"，实现关、港、贸、税、银一体化全链条运作。

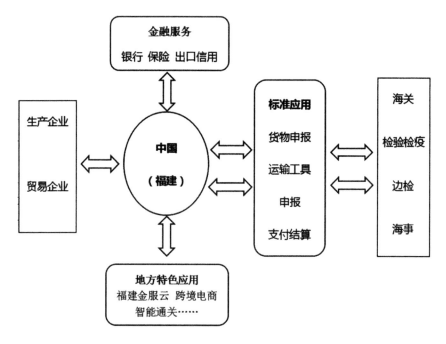

图 3-11　福建国际贸易单一窗口

三、货物状态分类监管制度

货物由境外运入一国境内，如果进入的是自贸试验区等海关特殊监管区域，就是保税货物；如果进入的是境内其他区域就是非保税货物。非保税货物需要以报关的方式进入自贸试验区等海关特殊监管区域。福建自贸试验区为了便利货物出入区域，实行货物状态分类监管制度，就是非保税货物不再采用报关方式进入自贸试验区，企业可以根据货物的状况自主选择"先备案后入区"或"先入区后备案"等非报关的方式入区。非保税货物入区后，按"自主（自律）管理、一次入区（域）、分步处置"的管理模式，可以与保税货物一起储存在保税仓库，同仓共管，一起集拼、分拨后，再实际离境出口或者出区返回境内。按照相关规定办理监管手续后，非保税货物和保税货物还可以在自贸试验区内直接转换货物状态。这一制度有助于企业同库经营和集约化运作，统筹国内国际两个市场、两种资源，可极大提升企业运营效率、降低物流成本，适应了一般贸易、加工贸易、转口贸

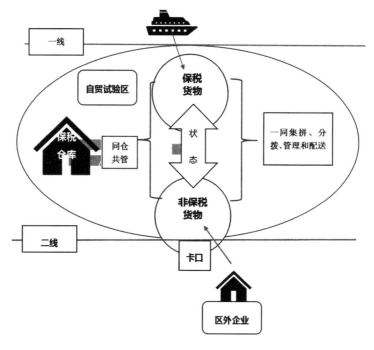

图 3-12　货物状态分类监管制度

易及内外贸一体化要求；同时，这一制度创新也推动了海关特殊监管区域从物理围网向电子围网监管转变。

第三节　以负面清单为核心的投资管理体系

一、外商投资负面清单管理模式

（一）"准入前国民待遇+负面清单"模式

"准入前国民待遇+负面清单"模式是目前国际上通行的高标准投资规则之一。国民待遇又称平等待遇，是指一国给予外国人和本国人同等待遇。在外商投资领域，国民待遇的适用范围有"准入前国民待遇"和"准入后国民待遇"两种。"准入前国民待遇"就是将国民待遇延伸到投资发生和建立前的阶段，在企业设立、取得、扩大等阶段给予外国投资者不低于本国投资者的同等待遇。"准入前国民待遇"的实质是给予外资准入权。

图 3-13　外商投资负面清单模式

　　"负面清单"就是一张投资领域的"黑名单"。通俗地说，是把企业不能投资的领域和产业，用一张清单列出来，一目了然。清单之外的行业、领域和业务，各类企业都可以依法平等自主地选择是否进入，政府和有关部门不能再随意出台对市场准入环节的审批措施，真正实现了"非禁即入"。"负面清单"模式把政府审批的权力变成了事中事后监管的义务，原来有很多需要政府审批盖章的地方，现在只要不在负面清单里面，就只需要备案而不要审批了。

　　"准入前国民待遇+负面清单"的价值在于改变了过去对外商投资的审批制度，简化了行政审批手续；增加了对外开放的透明度。同时，扩大对外开放领域，对内、外商投资均有很大帮助。制度全面实施后，无论是内资还是外资，无论是国企、民企还是混合所有制企业，全部都一视同仁，享有同等的市场准入条件待遇，规则平等、权利平等、机会平等，有利于打破各种不合理限制和隐性壁垒，让市场这只"看不见的手"发挥决定性作用，真正实现"海阔凭鱼跃，天高任鸟飞"。

　　(二) 福建自贸区负面清单管理模式

　　福建自贸试验区自挂牌成立，与上海、广东、天津共同适用 2015 年版"负面清单"，该清单列明了不符合国民待遇等原则的外商投资准入特别管理措施共 122 项，与前两次上海自贸试验区的版本相比，最明显的变化是"禁区"更少了，主要扩大了服务业和制造业领域的开放。近年来，自贸试验区"负面清单"坚持"能短则短"，几乎每年一次"瘦身"。2020 年，最新自贸版"负面清单"由 37 条减至 30 条，为外商投资提供了更加开放的环境。

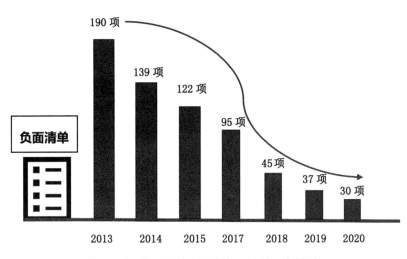

图 3-14 自贸版外商投资负面清单不断缩减

除了不断缩减的负面清单文本以外，福建自贸试验区"负面清单"管理模式还建立了与之相配套的外商投资项目核准（备案）制度、外商投资企业合同章程由审批改为备案管理以及企业设立"一表申请、一口受理"的工作机制。同时，实施政务公开，管理规则和流程等信息公开透明。

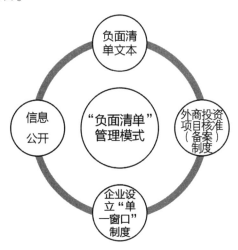

图 3-15 自贸区"负面清单"管理模式

二、对外投资服务促进体系

（一）境外投资备案管理制度

自贸试验区除了招商引资，还要鼓励本土企业大胆"走出去"。福建自贸试验区改革境外投资管理方式，将自贸试验区建设成为福建企业"走出去"的窗口。确立企业及个人对外投资主体的地位，对注册在福州、厦门、平潭片区内的企业实施省级权限内的境外投资一般项目备案制管理。除了敏感国家、地区和敏感行业外，企业申请境外投资只需要备案不需要审批，只要向备案机构提交境外投资备案申请表和企业营业执照复印件，备案机构在企业交齐材料，并确认材料符合规定后，于3个工作日内完成备案并制发《企业境外投资证书》。这就意味着，在福建自贸试验区开办的企业开展境外投资的相关审批手续最快只要1天就可以搞定了。备案机构对境外投资主体实行诚信管理，企业作为投资主体，应保证全部申报事项和报送材料的真实性，并按照国家法律、法规规定，开展境外投资。

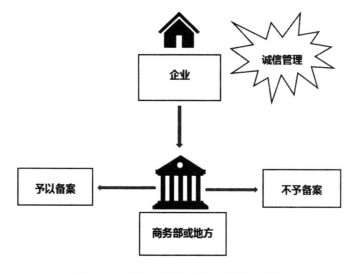

图 3-16 自贸区境外投资备案管理制度

（二）对外投资综合服务平台

福建国际投资促进网是促进"双向"投资的综合服务平台，涵盖综合资讯、境外投资备案、投资项目推荐、投资地介绍、行业分析、境外投资专业服务等功能，帮助企业合理规划投资方案，加快境外投资便利化，支持企业"走出去"参与国际竞争与合作。

第四节　以服务实体经济为中心的金融创新体系

金融创新是自贸试验区对外开放的重要方面，如果金融部门无法实现与国际接轨，那么贸易投资便利化和自由化就会成为一句空话。金融创新是福建自贸试验区制度创新体系的重要组成部分，从制度创新到服务创新，不断创造出更加符合实体经济发展需要的金融环境。

一、加快金融制度创新

福建自贸试验区的金融制度创新主要包括自贸区账户管理改革、跨境资金流动管理、外汇管理体制改革等制度性改革创新。

（一）创新自贸区账户管理体系

1. 什么是自由贸易账户

关于自由贸易账户得先从我国的外汇管制说起。一直以来，我国按照实需原则对企业使用外汇资金进行管理，企业要预先估计自己需要多少外汇额度再向外汇管理局申请，审批后才能使用。而且，如果企业跟许多国家都有业务往来，有美元收支的要开美元账户，有欧元收支的要开欧元账户。除了企业，我国对个人使用外汇资金管理同样也非常严格。国家对外汇如此严格的监管主要原因一是为了国际收支平衡，二是为了控制资金流动，外汇管制保证了国家的资金安全但给企业和个人的涉外经济活动带来诸多限制和不便。

自贸试验区成立以后，中国人民银行在自贸试验区推出账户改革。自由贸易账户（FT 账户），是指银行等金融机构根据客户需要在自贸区分账核算单元开立的规则统一的本外币账户。自由贸易账户是一个本外币一体化账户，其前提是分账核算，金融机构首先要建立一套新的自由贸易专用的账户核算体系，这套体系与现有的金融机构其他业务体系分开核算，这两套体系之间相互独立，井水不犯河水。

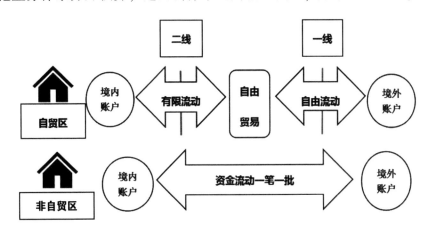

图 3-17　自由贸易账户分账核算

自由贸易账户与境外账户之间可以自由地划转资金，实现了"一线放开"，但是自由贸易账户与境内资金之间仍然受到一些限制，按照跨境业务处理，从而实现了"二线管住"。自由贸易账户使自贸试验区内形成了一个与境内有限隔离、与国际高度接轨的金融环境。

总之，自由贸易账户使得自贸试验区内的企业或个人在涉外业务中使用资金更加宽松，更加便利。对企业来说，拥有自由贸易账户基本就拥有了一个可以和境外资金自由汇兑的账户；对个人来说，拥有自由贸易账户有机会获得更多与国际接轨的理财产品和服务、更多的海外投资机会。

2. 福建自贸试验区账户管理

目前，中国人民银行已经批准在上海、海南、天津、广东自贸试验区试点开展自由贸易账户体系。要求福建自贸试验区根据实际情况，探索建立与自贸试验区相适应的账户管理体系，先利用现有的人民币账户管理体系，办理各项自贸试验区创新试点业务，再进一步研究完善福建自贸试验区账户管理体系。

在福建自贸试验区内注册的企业，在片区所在地外汇分局辖内银行开立投融资账户，在限额内自主开展跨境投融资活动，并实行自由结售汇。允许在自贸试验区内居住或就业并符合条件的境内个人，开展经常项目的跨境人民币结算，研究开展包括证券投资的各类人民币境外投资；允许在区内居住或就业并符合条件的境外个人开展经常项目的跨境人民币结算，研究开展包括证券投资在内的各类境内投资。

(二) 创新跨境资金流动管理

福建自贸试验区跨境资金管理改革工作旨在转变跨境资本流动管理方式，从重微观管制转变为重宏观审慎管理，从重行政审批转变为重监测分析，以实现资金自由和防范风险有机结合。

1. 跨境资金流动宏观审慎管理

金融危机以后，跨境资金流动带来的风险引起各国高度的关注。一直以来，我国资本流动管理通常采用限制交易或者限制这些交易的资金转移和支付等方式。随着自贸试验区高水平开放格局的形成，跨境资本流动愈加频繁，资本项目的开放势在必行，金融监管必须适应金融开放和资本自由流动的趋势，单一的资本管制已经不再适用，应该将资本流动管理与宏观审慎管理进行有效的结合。宏观审慎管理是与微观审慎监管相对应的一个概念，是对微观审慎监管的升华。微观审慎管理关注个体金融机构的安全与稳定，而宏观审慎管理则更关注整个金融系统的稳定。

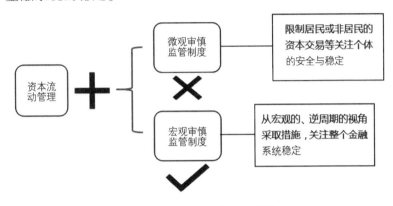

图 3-18　自贸试验区资本流动管理

2. 全口径跨境融资审慎管理

福建自贸试验区从 2016 年 1 月起开始探索区内企业本外币一体化的全口径跨境融资宏观审慎管理。全口径是指人民币和外币资金、中资和外资企业、短期和长期都采用统一口径的管理；跨境融资是指借外债，从境外借入人民币或外币资金；宏观审慎管理是一种对外债的管理方式。

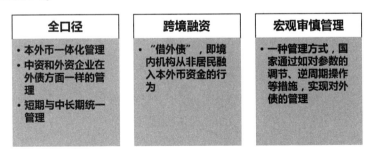

图 3-19　全口径跨境融资宏观审慎管理的内涵

全口径跨境融资宏观审慎管理放弃了对外债简单化的额度管理，将国内宏观审慎管理的触角很自然地延伸到了资本的跨境流动。与之前的管理制度相比，全口径跨境融资宏观审慎管理框架具有以下几个特点：首先，对借债主体和币种统一管理口径，均由人民银行和外管局协同监管；其次，对外债总量控制改为以资本或净资产为基础的比例自律管理，金融机构和企业可以在跨境融资的上限内，自主开展本外币跨境融资；再次，事前的行政审批制改为了备案制；最后，建立跨境融资宏观风险监测指标体系，进行宏观审慎评估，在跨境融资宏观风险指标触及警戒值时，采取逆周期调控措施。

3. 跨境双向人民币资金池

所谓跨境双向人民币资金池，简单来说是一种境内外人民币资金流转的工具。

跨国企业在自贸试验区开立的账户为主账户，这个主账户就是资金池，而且是一个允许人民币双向流动的资金池，既可以流入也可以流出，既可以用来归集境内外成员企业的人民币资金，也可以把资金

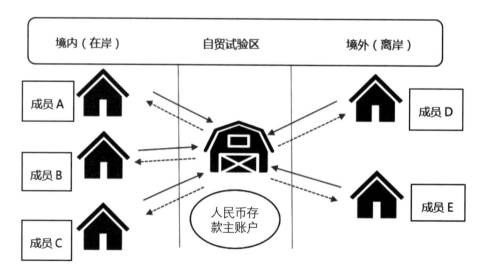

图 3-20　跨境双向人民币资金池

池里的人民币资金下划给境内外的成员企业，实现了境内人民币资金与境外人民币资金的双向流通。

自贸试验区开展跨境双向人民币资金池业务的重要意义就在于，在此之前，跨境的资金流动必须提供用途证明，但现在可以是无原因的，跨国企业可以根据自己经营和管理的需要，在监管部门核定的额度内，对人民币资金在境内外成员企业之间调剂使用，根据不同的利率、汇率进行资金安排。跨国公司通过内部资金划拨，将外部融资转换为集团内部资金调配，使得资金调配更加便捷，并节省了财务成本。

(三) 促进贸易投资便利化的外汇管理改革

为了给贸易投资便利化提供金融支持，福建自贸试验区外汇管理改革工作主要通过减少审批、简化流程，并赋予企业更多的自主权。同时，通过采用海量数据跟踪、现场检查，加强事中事后监管，实现便利企业和防范风险有机结合。福建自贸试验区的外汇管理改革工作实践主要有：

经常项目业务流程简化。经常项目是本国与外国进行经济交易而经常发生的外汇收支项目，主要包括贸易收支、劳务收支和单方面转移等。简化自贸试验区内主体与境外之间经常项目的收汇结汇、购汇付汇等交易的单证审核，支持企业集团经常项目集中收付汇与轧差净额结算。

资本项目外汇管理便利化。资本项目是资本的流入与流出，主要包括股票、债券、证券等的交易，主要改革实践包括：一是简化双向投资外汇登记手续，大幅取消外商来华直接投资和本土企业对外直接投资有关的行政审批，减少企业往返外汇局与银行之间的"脚底成本"；二是收入支付便利化。在额度范围内，资本项目资金流动无须事前逐笔提交真实性证明材料并审批，而是改为备案管理；三是放宽对外债的管理。自贸试验区内企业借用外债模式可调整、外债币种要求放宽、外债注销程序简化。

放宽企业外汇资金管理。一是外汇资本金意愿结汇。外商投资企业可以根据自身的实际经营需要，自愿选择时间点在银行办理资本金账户结汇；二是跨国公司外汇资金集中运营管理。福建自贸试验区允许跨国公司在区内开立账户作为外币资金池对境内外成员企业的外汇资金集中管理，放宽企业境外运用资金限制，便利企业外汇资金使用。

促进融资租赁业务发展。取消区内融资租赁企业办理融资租赁对外债权业务的逐笔审批，实行备案登记管理。融资租赁类企业开展对外融资租赁业务，不受现行境内企业境外放款额度限制。允许非金融类融资租赁公司境内收取外币租金，同时，简化了飞机、船舶等大型融资租赁项目预付货款手续。

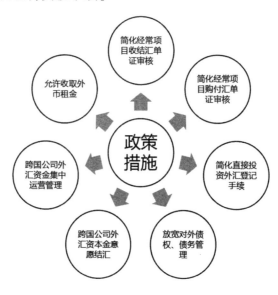

图3-21　促进贸易投资便利化的外汇管理改革

二、增强金融服务功能

福建自贸试验区增强金融服务功能主要包括允许外资和民营资本设立金融机构、建设金融服务平台、创新金融产品等金融服务载体的改革创新，全维度服务实体经济。

（一）服务实体经济的金融机构体系

利用政策的"虹吸效应"，福建自贸试验区加快引进各类金融机构、准金融机构入驻。在风险可控的前提下，推动金融服务业对符合条件的民营资本和外资金融机构开放。支持证券期货经营机构在自贸试验区增设营业网点，为区内企业及投资者提供优质的金融服务。提升金融机构的国际化经营水平，鼓励金融机构完善境外分支机构网络，加强国际合作。福建自贸试验区已基本形成服务实体经济的组织框架体系。

（二）面向企业的金融服务平台

支持金融机构在福建自贸试验区设立符合规定的金融服务平台，拓展企业融资渠道，有效破解企业融资难、融资贵的问题，促进实体经济发展。福建自贸试验区重点建设的金融服务平台主要种类有：一是基金业平台。如海峡基金综合服务平台、马尾基金小镇等。力图通过信息化手段，优化金融资源配置，提升产融对接效率，拓宽企业直接融资的渠道；二是跨境业务区块链服务平台。将区块链技术应用于金融系统，搭建起商业银行之间信息共享的桥梁，解决企业跨境贸易真实性认定的难题和企业贸易项下融资难的问题；三是新型业态服务平台。如融资租赁平台、全国首创的进出口外包金融服务平台等。

（三）开发特色金融产品

随着福建自贸试验区各项创新工作的开展，金融机构也要不断开发出相匹配的金融产品，满足进出口企业、跨境电商企业、进出口企业外包服务平台、交易所等各种业态的跨境结算、跨境融资、资金划转、保值增值、全球现金管理等综合金融需求。金融机构通过开发特色金融产品和提供创新金融服务，主动降本让利，积极服务实体经济发展。

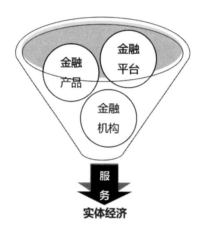

图 3-22　增强金融服务实体经济的功能

第五节　以先行先试为使命的对台交流合作体系

福建自贸试验区成立的初心和使命是对台先行先试，不断深化两岸经济社会融合发展。福建自贸试验区成立以来，在对台方面大胆创新，不断扩大两岸经贸合作，推动两岸货物、资金、人员等各类要素自由流动，形成了一批独具福建特色、对台先行先试的制度创新成果。

一、两岸贸易便利化制度

充分利用自贸试验区平台，以贸易便利化为主要目标，创新对台贸易监管制度，推动闽台货物贸易自由畅通，福建自贸试验区形成了目前台湾产品输往大陆最便利的通关模式。

（一）食品农产品快速验放模式

福建自贸试验区对台湾食品、农产品实施质量安全源头管理机制。福建检验检疫机构对台湾食品、农产品的生产企业和进口企业的质量安全保障体系进行合格评定，经过申请注册、风险评估、认证、认可等合格评定程序，审核符合要求的企业产品进入福建自贸试验区只需要核对随附件是否齐全，即可实施快速验放。

图 3-23 食品农产品快速验放模式

（二）特定货物"先放行，后报关"模式

为了加快易腐品、生鲜农产品、水产品等特定货物的通关，福建自贸试验区对部分诚信台湾企业的特定货物实行"先放行，后报关"模式。货物进入自贸试验区时，利用海关信息化辅助平台，海关在对舱单审核、查验后先直接放行货物，之后企业再在规定的时间内办理正式报关、缴税。

图 3-24　特定货物"先放行，后报关"模式

（三）对台进口水果实施"边抽样检验，边上架销售"模式

福建自贸试验区率先在全国实施对台进口水果"边抽样检验，边上架销售"的监管模式，允许平潭对台小额商品交易市场中的进口水果，经检疫合格，按最低比例抽样送检的同时可以上架销售。这一模式改变了其他地区进口水果先抽样检验合格后才能上架销售的规定，使得台湾水果上午在台湾果园的枝头，下午就可以在福建上架销售。当然，一旦抽样检测结果发现问题，则立即对上架的水果封存，并通过完备的产地追溯系统实施问题水果的召回，确保了进口台湾水果"进得来，放得快，管得住"。

（四）采信台湾认证认可结果和检验检疫结果

福建自贸试验区加强与台湾监管部门互动，率先在全国采信台湾地区认证认可结果和检验检测结果，制定采信台湾进口产品名目以及认证机构和检验检测机构目录，并根据实际情况进行动态调整，推动两岸"信息互换、监管互认、执法互助"，促进闽台贸易通关便利化。

二、两岸金融合作先行先试

福建自贸试验区成立后，推动两岸金融合作先行先试。围绕两岸金融合作、互联网金融、商业保理、融资租赁、各类产业投资基金以及多层次的交易平台等多个方面进行金融创新试点。

（一）闽台跨境人民币业务

随着闽台跨境人民币业务政策的普及和人民币与新台币清算渠道的顺畅，闽台跨境业务不断深化，越来越多福建的台资企业在与台湾的经贸往来中采用了人民币结算。福建自贸试验区的主要做法有：一是建立闽台人民币清算群。福建省内银行与台湾银行签订人民币代理结算清算协议，开立人民币代理结算账户，为闽台经贸往来提供结算支持；二是完善闽台人民币与新台币现钞调运机制。在福建省内形成包括银行、个人本外币兑换特许机构、代兑点等多元化兑换体系；三是合理评估台湾地区跨境人民币业务参加银行的人民币铺底资金需求。在分析闽台经贸来往的基础上，管理参加银行的人民币铺底资金额度，为闽台贸易提供资金保障；四是引导银行创新闽台贸易融资产品。鼓励省内金融机构与台湾金融机构积极互动，共同研发闽台贸易与融资业务产品，扩大闽台人民币合作项目。

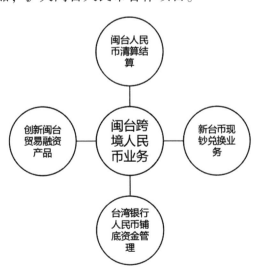

图 3-25　闽台跨境人民币业务

（二）台商台胞金融信用证书

福建自贸试验区推出的台商台胞金融信用证书，既不是信用报告，也不是信用评级，它是以市场化、法制化运作为前提，由主管部门向符合条件且信用记录良好的台商台胞颁发的，由金融机构为持证台商台胞提供优惠便捷的金融服务的证书。获得该证书的台商台胞可以享受更优质的金融服务、更丰富的金融产品、更低的融资成本以及更少的业务费用。

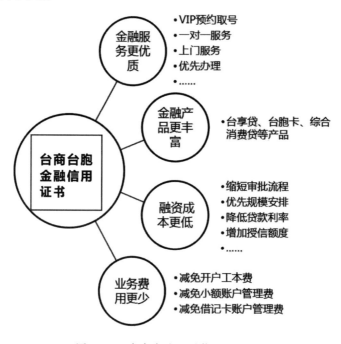

图 3-26　台商台胞金融信用证书

（三）建设对台特色的金融平台

福建自贸试验区加快推进对台金融专业服务平台建设。"海峡股权交易中心"是专门面向福建中小台企的"台资板块"，为处于不同发展阶段、不同规范水平的台资企业提供综合金融服务；建设银行设立的"海峡两岸跨境金融中心"成功推动对台个人、小额商品交易市场等跨境人民币结算业务，开办了新台币兑换等业务；中国银行设立"两岸金融服务中心"为在闽台资银行代理支付清算业务；平安银行设立"对台金融服务中心"支持区内的台资企业技术创新与项目建设。

三、创新两岸人才交流机制

福建自贸试验区加快完善硬件设施，优化政策环境，筑巢引凤，为台胞提供便利的资质、职称认证通道，促进两岸学历、职称、资质等资格的互通认证，推动两岸人才交流合作。

（一）培育两岸青年"三创"基地

两岸青年创业创新创客基地（"三创"基地），是享有自贸试验区政策的服务两岸青年的创业基地。允许台湾青年创业者作为个体工商户且无须外资备案进驻基地，放宽台湾个体工商户限制，鼓励境内自然人与台湾企业、个人合资合作创业，对台湾企业高级职员在项目申报以及出入境给予便利。该举措为两岸青年就业、创业创造条件，有效促进两岸青年合作发展。

（二）完善台湾青年就业创业服务模式

福建自贸试验区平潭片区引进两岸金桥公司入驻台湾创业园，设立台湾青年创业就业合作培训服务基地，为台湾青年在平潭创业就业提供定向、定点、定制服务，帮助台湾青年考取大陆职业技能证照，吸引台湾青年来闽就业创业，提升地方创业培训体系水平。

（三）采信台湾地区职业资格

为解决两岸职业资格认证上的差异性问题，方便台胞在大陆就业创业，福建自贸试验区率先开展对台职业资格采信工作。比对国家职业资格目录中台胞可报名参加的 134 项（共 268 小项）国家职业资格考试，对 95 小项台湾地区职业资格直接采信，并将颁发的对台职业资格采信证明纳入人才认定标准，适用人才奖补政策。

第四章　自贸区奇妙之旅

2015 年 4 月 21 日福建自贸试验区挂牌成立，一个全新的起点在这 118.04 平方公里的土地上开启。行走在这片热土之上，随处可见改革，随时上演着新鲜事物，而正是无数这样的小个体的点滴变化，汇聚起来形成了福建自贸试验区大时代的改革浪潮。这一章，我们聚焦发生在福建自贸"试验田"里的故事，一起感受改革开放带来的力度与温度。

第一节　贸易自由化：货物的自贸区奇妙之旅

福建自贸试验区贸易便利化改革措施的落地，不仅给进口货物带来了全新的自贸体验，而且给老百姓送去了最直接的"礼包"，大家都跃跃欲试，想要来一场福建自贸试验区的奇妙之旅。

一、进口奶粉的福建自贸之旅

澳大利亚东南部，有着"阳光之州"美誉的昆士兰州，气候温暖，阳光明媚。这里农牧业发达，是澳大利亚乳制品重要的生产地和出口地。清晨，一辆集装箱货车缓慢地驶入布里斯班港口，集装箱里面装载的正是昆士兰州南部某牧场生产的奶粉，几个小时后，这批奶粉就将和其他货物一起，乘坐巨型货轮发往中国福建。近年来，由于受"二孩"政策影响和国内消费者选择倾向的引导，中国进口奶粉的需求量增长迅速，越来越多的澳大利亚优质奶粉输入国内，以上情节就成了中澳国际贸易中司空见惯的场景，也是布里斯班港口与福建之间，成千上万的货物贸易中，最普通的一个环节。午时，装船完毕，停靠在码头上的巨型货轮起锚开航。对于这一批奶粉来说，它们即将来到中国福建，在福建自贸区体验全新的通关物流过程。如果奶粉有感知，它们此时一定有点忐忑，但更多的是兴奋，因为这将是一段新奇的自贸之旅。

（一）报关很简单——国际贸易"单一窗口"

把这一批澳大利亚原装进口奶粉"请"到福建的是福州某外贸公司，为了迎接远道而来的朋友，在货物到达口岸后要为它们办理好通关手续。公司的办公室里，负责报关的业务员小陈准备好资料，打开电脑，进入"福建国际贸易单一窗口"网页，输入用户名和密码，开始办理报关、报检手续。他的表情格外轻松，似乎这是一件不费吹灰之力的工作。原来，受益于福建自贸区推出的贸易监管创新制度——国际贸易"单一窗口"，小陈办理此项业务只需要在"单一窗口"平台，填写一张"大表"，一次性将海关、检验检疫等部门要求的信息申报即可，整个过程大概只需要花上几十分钟。他还清楚地记得，在"单一窗口"制度试用以前，报关报检是在分开的两套系统完成的。为一包小小的奶粉报关，海关系统要填60多项，检验检疫系统要填70多项，每次申报都要做许多重复"劳动"，既是体力活，又是脑力活，不仅麻烦，还特别容易出错。现在，小陈无论是在办公室还是在家里，只要身边有台能上网的电脑，登录"单一窗口"平台就可以轻轻松松地完成报关，大幅度减轻了工作负担。他在"单一窗口"平台一次性填报完申报信息后，接受口岸监管部门对材料的审查，并不需要像以前那样一直坐在电脑前不停地收回执，等待每个申报环节的审核、确认，只需要在平台上刷新一下屏幕看是否"放行"，因为每个环节的通过情况都集中在这一张"大表"中呈现，非常的一目了然。

（二）通关很顺畅——"一站式"查验+监管互认

在福建自贸试验区福州保税区的一个保税仓库内，这批从澳大利亚漂洋过海来到福州的进口奶粉已经被保税仓库的作业人员整整齐齐地摆放在了高大的货架上。回想起刚刚经历的整个通关过程，它们仍然很兴奋，一切都那么顺畅、那么自然，感觉并没有被过多地"打扰"，一包包奶粉就这样安安静静地躺在纸箱里，很快就顺利通过了查验。当然，事实并非这么简单。

进口货物通关时要接受查验，过去，口岸通关现场的海关与检验检疫是两个执法单位、两条业务链条、两个作业系统、两个查验现场，所以进口货物在通关时需要重复开箱，分别接受两次查验，这个过程时间长，效率低。而这一批进口奶粉体验到的美妙而快速的通关过程是因为福建自贸区实施的又一项创新政策——"一站式"查验+监管互认。即将海关和检验检疫"合二为一"，当进口货物到达自贸区后，海关、检验检疫部门同时进场对其进行查验，减少重复开箱，节省重复吊柜的费用。也就是说，这一批进口奶粉到达福州保税区时，海关和检验检疫部门派出相关的工作人员同时到场，仅对它们进行了"一次查验"，查验后的结果和数据互认，后续不需要再重复查验，即可"一次放行"。

总之，对于这一批进口奶粉来说，能够在福建自贸区体验到简单而便利的通关过程是十分美妙的。当然，为了让进口货物有一次奇妙的自贸之旅，福建付出了巨大的努力。福建省国际贸易"单一窗口"

79

和"一站式"查验+监管互认都是依托现代信息技术，由省政府主导，海关、检验检疫、海事、边防共同建设，30多个相关部门共同参与的成果。福建自贸区的贸易监管创新就是要实现"一线放开、二线管住、区内自由"。而所谓的"一线放开"并不意味着我们放松监管，而是在能够保证安全、有效管住的前提下放开。以上介绍的国际贸易"单一窗口""一站式"查验等创新政策，都是为了删繁就简，高效透明，为了服务企业、为了让货物更快更好地进入国内。

二、进口酒体验福建自贸"厦门速度"

我是一瓶葡萄酒，出生于法国的普罗旺斯产区，这里是法国最古老的葡萄酒产区之一，得天独厚的温带气候，有利于葡萄生长，能酿造出各种优质的葡萄酒，销往世界各地。葡萄酒在中国的流行是中西方政治经济文化交流的必然产物，加之其独特的风味和营养价值，受到广大消费者青睐。在中国，进口酒的程序和市场管理规定较为复杂，不仅要做好出口商和进口商备案、中文标签备案、进口报检、进口报关，而且在进口商收到货后，一定要送样做检验，经检验合格后，出入境检验检疫局会核发 CIQ 证（卫生证），才可以进入国内市场销售。整个过程顺利的话要一个多月，如果中文标签没做好，货物在堆场一放就是 1-2 个月，给企业带来很大的麻烦。

我此行的目的地是福建自贸试验区厦门海沧港片区。据了解，该地是闽南厦漳泉金三角地区的突出部位，临近台湾海峡，与厦门岛隔海相望。随着进口酒贸易的快速发展，海沧口岸已发展成为中国东南沿海地区最具影响力的进口酒集散中心。为保障进口酒的安全快速通关，海沧检验检疫局通过信息化推广和流程优化，全力打造出进口酒快检模式，被评为"全国首创"。我真是迫不及待地要去体验呢！

（一）标签备案"快人一步"

在我还没有到达海沧口岸之前，进口商已经通过"食品标签咨询服务平台"为我准备好了带有经销商信息和个性 LOGO 的中文标签。作为进口酒快检模式中的重要一环，标签咨询服务平台引导和支持进口企业把标签制作提前到货物到港前，标签备案时间缩短 7 个工作日，解决了困扰广大进口酒商标签"制作难、备案慢、整改多"的问题。现在，只要在互联网环境下，借助平台企业端的上传功能和标签内容提示，标签制作人员就可在货物到港前、足不出户地完成产品中文标签和必需资料的传送。如果遇到什么疑问，还可以在平台上直接提出咨询，海沧检验检疫局设置专岗工作人员对企业标签咨询信息进行线上反馈交流，帮助企业及时发现标签问题并及时整改。

（二）保税监管形式灵活多样

保税进口是进口酒商喜闻乐见的方式，福建自贸试验区成立以后，继续将保税政策的红利落到实处。海沧检验检疫局积极推进保税进口酒检验监管模式改革，试行区内备货预检验、入境核销分批备案、分批加贴标签。如此一来，厦门自贸区内的保税进口酒实现了"一线检验，二线核销""一线检疫，二线检验"和"一线检验，二线备案"三种检验监管方式的并存，企业可以根据自身资金情况和具体订单的需求，灵活申请不同的检验监管方式，充分发挥自贸试验区连接国内外市场的贸易枢纽作用，实现进口酒的"优进快出、快进优出"。

（三）查验放管结合，提速增效

傍晚，鹭岛的夕阳余晖映照在海沧港区，依旧灿烂。在某进口食品储存仓库里，食品安全员小林正在按照厦门检验检疫局《进口食品优化查验措施管理》规定的要求，对公司进口的葡萄酒进行自查和记录。集装箱掏箱清查、进口酒规格和生产日期与申报一致、包装完好无其他异常，现场视频录制完毕，自查记录已经检验检疫部门审核确认，司机师傅装好货就可以发车了。我作为亲身体验了一把"厦门速度"的进口葡萄酒，不禁要问，查验速度为什么这么快？

原来，近几年来进口公司总代理的各类酒产品一直在厦门进口，检测过多次，质量稳定，安全放心。厦门自贸片区创新监管机制，推出"进口食品优化查验"，通过风险分析和诚信管理，在企业诚信申报的基础上，建立以风险评估、分级管理为核心的进口酒检验监管新模式，对有进口史且质量稳定的进口酒，结合单证审核实现"快速核放"。这项新政策一出台，许多进口酒公司就立刻去申请了，这种以"企业申请+自查采信+后续监管"相结合的检验监管模式，不用在码头进行调柜掏箱操作，放行快、时间短、费用省，使企业实实在在享受到政策红利。

三、为非保货物打开保税仓库大门

我是一托盘来自港区的非保税货物，几天前我和小伙伴们一起漂洋过海来到了福建自贸试验区。到达港口后，因为身份不同，我们被不同的车带走了，保税货物留在港区，被送进保税仓库，而我作为非保货物被送出港区，寄宿在港区外我的房东的仓库里。介绍一下，房东是一家物流企业，主要承办海上、航空、陆路国际货物运输代理业务、进出口货物保税仓储业务。现在，我非常想念我的小伙伴们，经常回忆一起在大海里乘风破浪的日子，我们还能不能再见面？

几天前，我得到了一个令人振奋的好消息，福建自贸试验区探索货物分类监管模式，自贸试验区内的保税仓储企业可以同时经营保税和非保税业务。也就是说，非保税货物也可以存放到自贸试验区内，很快我就有机会和小伙伴们再见面了！

这项改革措施对物流仓储企业来说是重大利好！此前，海关特殊监管区域内不能开展非保税货物仓储业务，物流仓储企业的保税仓库很多都只能闲置着，区内保税仓库的空置率是比较高的。现在，自贸试验区实施货物状态分类监管，为非保货物打开了保税仓库的大门。对区内物流仓储企业而言，可以承接区外企业存放普通货物，如此有助于吸纳自贸试验区附近的生产企业、贸易型企业存放非保税货物，去除区内限制的仓储能力。对于入区存放，未来流向尚不明确（可能境外或境内销售）的货物，减少入区先申报，出区被征收关税的状况，保税货物与非保税仓储货物在区内同仓共管，还可以身份互转，非常灵活。

有这么好的政策，我的房东马上着手申请。货物状态分类监管的前提是需要做到仓储企业联网监管。联网监管是为了提升对不同性质、不同类别货物仓储管理的精细化、精准化水平，实现物流仓储的动态、实时管理，方便企业对不同状态货物实施同仓共管。据了解，企业首先要填写一张申请表，接着根据自己仓库情况拟定技术改造方案，方案审核通过以后就可以开始改造仓库，仓库改造完毕验收通过以后就申请完成了。这项创新举措拓展了企业经营范围，增强经营灵活性，降低经营成本，充分发挥自贸试验区连接国内、国外两个市场的桥梁作用，促进区域内企业健康发展。

四、家门口"购全球"

福建自贸试验区成立以后,"要不要去自贸区逛一圈?"成为不少市民聊天时的提议。大家千里迢迢来一场自贸之旅并非纯属参观,而是为了买个新鲜、买个便宜。借助进口商品展示交易中心的平台,福建自贸试验区实现了家门口"购全球",老百姓不出远门就能买到世界各地的名优产品。

(一) 揭开进口商品保税展示交易的神秘面纱

市民刘女士是一位网购达人,近年来她又爱上了进口商品,特别是家中有了宝宝以后,购买进口商品的种类和频率更多了。据刘女士的经验,在专柜购买进口商品的价格比较高,所以她购买的渠道主要是朋友圈代购或者网站海淘。虽然代购或海淘有一定的价格优势,但是频繁发生的假货事件让人心存顾虑。更糟糕的是,一些大的电商平台也时常发生买到假冒伪劣产品的情况。如果能方便地买到既实惠又有质量保证的进口商品,那就再好不过了。

依托福建自贸试验区海关信息化服务平台,经海关注册登记的区内企业可以在自贸试验区内或者区外开展保税展示、交易的经营活动。对区内企业而言,这项制度最大的特点是"先交易、后清关",这样可以减少企业资金占用,提高企业资金的流动性,企业享受贸易便利化的同时也让利给广大消费者。

利嘉自贸区保税商品展示交易中心是福建自贸试验区真正意义上的首个保税展示交易卖场。借助自贸试验区的东风,跨境电商O2O体验中心、进口母婴产品直销中心、进口酒业直销中心、进口食材直销中心、6万平方米的韩国城、欧洲馆、澳洲馆、美洲馆、日本馆、台湾馆等纷纷落户利嘉商业城。市民们可以在这里买到来自几十个国家和地区的优选商品。这里销售的商品完全从原产地直接进口，取消了中间环节，并且在保税状态下进行展示交易，价格仅为专柜价格的3—8折。此外，进入该中心的商品均有正规报关报检流程、中检认证、二维码溯源，消费者通过手机扫描，即可获取商品的全部相关信息，从根本上杜绝了假冒进口商品流入市场。老百姓在家门口就能在极具特色的世界风情商业街中享受全球购物的乐趣，感受自贸试验区带来的高品质生活。

(二) 家门口的"汽车超市"

近年来，"平行进口车"一词，越来越多地被人们所提及，买卖平行进口车的行为也越来越多。平行进口汽车，是指注册在自贸试验区内的汽车经销商，不经品牌厂商授权，直接从海外市场进口并进入国内市场销售的汽车。平行进口的渠道与官方进口的渠道并不冲突，二者是"平行"并存的状态，所以称之为平行进口车。平行进口汽车的实施，打破了进口汽车经销商的垄断，进口汽车的种类也更多，扩大了消费者的选择面。

近日，一台奔驰 G63 越野车被载离福州保税港区后，直接在闽侯青口海峡汽车文化广场城市展厅亮相，这标志着平行进口汽车区外保税展示交易业务正式落地福建。投入运营的福建自贸试验区平行进口汽车保税展示交易中心由省内多家大型企业牵头组建，实现了以城市展厅为前方展示店面、福州保税港区为后方进口仓库的"前店后仓""前展后贸"的整车进口交易新模式，为消费者购买平行进口汽车提供了包括整车销售、金融服务、保险服务、售后保障等的一站式服务，平行汽车进口的"最后一公里"被完全打通，真正把进口汽车超市开到了家门口，为广大消费者看车买车提供便利。

第二节 投资便利化：企业勇闯自贸区

投资便利化就是使投资者的各项投资活动所涉及的程序简单化，为资本流动营造一个公开、透明和可预见的营商环境。福建自贸试验区在商事登记制度、投资项目审批制度、负面清单管理制度等方面推出一系列创新举措，使得企业注册的准入门槛降低了，手续费用减免了，注册流程简化了，群众创新创业的积极性被真正调动起来，民营企业、外资企业、华人华侨都纷纷涌进福建自贸试验区这片兴业热土。

一、优化服务便利投资，企业抢滩自贸区

（一）领照提速，"一照一码"走天下

小徐是福建自贸福州片区行政许可服务中心的一名职员，专门负责开办企业注册。他的办公桌旁有几个塑料箱子，里面整齐地摆放着办理注册事宜的企业资料，他每天都要完成一箱以上材料的审核，为第二天收进新的材料空出地方。5 年前，福建自贸试验区挂牌成立，小徐的箱子发生了微妙的变化——原本只能放 50 多份企业资料的箱子，现在装得下至少两倍的量。同时，箱子被一个个分给了其他同事。得益于自贸试验区实行的商事制度改革，开办企业的流程简化了，需要提交的资料少了，也薄了。每天新增企业多了，处理的业务量呈几何级数增长。

吸引大批企业落户的是自贸试验区不断优化的商事登记制度和营商环境。福建自贸试验区率先探索"三证合一、一照一码"登记制度

改革，将企业登记改为一口受理、一次申请、发放只有一个统一社会信用代码的营业执照。改革前，开办企业的申请人需要向工商、质监、国税、地税、公安五个部门提交 5 套 35 份材料，至少需要 10 个工作日，在多个部门之间往返 10 次以上。很多人一开始创业就碰到这样的"大山"，热情和信心都少了一半。改革后，申请人只需要向工商或者综合窗口一次性提交 1 套 12 份材料，最快仅需 1 个工作日就可以完成企业注册登记，企业上路真可谓轻松了不少。

伴随福建自贸试验区发展的 5 年，也是小徐成长最快的 5 年，从第一年每天忙碌加班，到如今可以在上班时段妥善完成当天任务，背后不仅是对业务流程的谙熟，还得益于配合自贸试验区建设而日益优化的审批流程。随着注册审批权下放，小徐的工作重心从前台的接待转移至后台的审批，加上网络端口功能的不断丰富，多部门联合开发的网上登记平台，让"键对键"代替了"面对面"。现在，几乎所有的企业注册业务都可以由申请人直接通过平台在线申请提交，不仅企业方便了，也大大减少了前台的接待任务。改革永不止步，福建自贸试验区还继续全面实施"多证合一"登记制度改革，将涉及企业登记、备案等有关事项的各类证照进一步整合到营业执照上，真正实现企业"一照一码"走遍天下。

（二）平潭为企业投资按下"快进键"

走进福建自贸平潭片区的行政服务中心 24 小时政务自助超市，能看到里面整齐地摆放着一系列新奇的智能机器，有工商登记自助机、发票代开自助终端机、自助办税终端机、自助证件拍照等。利用这些智能机器，市民和企业可以实现自助办理营业执照、办税业务、不动产信息查询、个人征信查询等多项业务，减少了排队等待的时间，并实现服务 24 小时 "不打烊"。以个体工商户办理营业执照为例，申请人在网上进行名称自主申报后，在 "自助登记打照一体机" 上，用身份证就可以完成自助申报、打印营业执照，最快当场就可以完成。

平潭自贸片区在简化企业投资审批方面也按下了 "快进键"，试点实施的 "四个一" 审批改革，将投资项目从立项到竣工验收涉及的所有行政审批事项整合为四个阶段，每一个阶段均采取 "一表申请、一口受理、一章审批、一次出件" 的 "四个一" 审批办法，并通过减前置、减环节、减材料、减时限进一步提高审批效率。据不完全统计，改革前，平潭一个项目从招商引资到竣工验收，企业需要提交的各种材料累计多达 256 项，有的仅身份证就要提交 10 多次；改革后，申请材料减少到 19 项左右，精简幅度超过 90%。而且，改革后从项目规划选址到竣工验收，审批时限由原来的 265 天缩减到 103 天，整体行政效能提高近 3 倍。

平潭投资体制改革使得企业办事手续更简单了、效率更高了、服务也更人性化了，不断优化的营商环境带给企业最直观的感受就是提交的材料越来越少，审批的速度越来越快，服务的质量越来越高。

（三）福建自贸区只对企业说 "YES"

在福州自贸片区负责企业注册业务的小林当了妈妈，休完产假回到工作岗位后，这个原本熟悉企业注册工作的 "老手" 便直呼有点跟不上了。让小林感觉跟不上的，恰恰是福建自贸试验区瞬息万变的行业新业态。福建自贸试验区成立以前，福州片区原保税区域注册的企业大都是以贸易型企业为主。自贸试验区诞生后，大量中介类、服务类的新兴企业应运而生，行业分类越来越细化，注册窗口的经营登记范围也一次次地被刷新。为了保障新兴行业发展，窗口的工作人员绝不会轻易对未知领域的企业注册申请直接说"NO"。小林感慨道，随着福建自贸试验区改革深入发展，什么新潮的行业都有可能遇见，哪怕是知识库以外的行业分类，我们也不会轻易地否定，会主动上报协调，对该行业是否符合新兴产业发展方向作出谨慎判断，确保不把企业的创新创意扼杀在摇篮里。

只对企业说"YES"也是一种服务态度和服务方式的转变。在自贸试验区，随着企业类型和数量的激增，企业提出的问题常常会超出窗口的处理能力范围，窗口的工作人员不会简单地拒绝，而是请专业人员上前协调解决企业提出的"疑难杂症"，帮助解决企业注册的政策和流程辅导问题。这样的创新实践，贴近企业需求，让改革更有力度，服务更有温度。

二、外商投资"沃土"成为"热土"

陈先生是一名澳大利亚籍商人，一直想来福建沿海投资开办企业。长期以来，外商投资在我国采取的是逐案审批制度，不论是鼓励类还是限制类的外资企业，要进入国内投资经营都需要政府部门审批。这些审批不仅需要提交大量材料，而且要消耗较长时间逐项审查。2015年4月21日，福建自贸试验区挂牌成立，远在海外的陈先生十分高兴，这是福建加强与国际接轨的信号，一定能促进贸易投资便利化，使福建成为外商兴业投资的热土。

（一）有了"禁行线"外资跑步入场

与福建自贸试验区同时问世的还有2015年版外商投资"负面清单"，"负面清单"是自贸试验区彰显开放与透明的标志。对于"负面清单"，陈先生一直都很关注。2013年上海自贸试验区成立次日，第一版"负面清单"随即推出，开启了一个外资投资管理的新时代。仅仅9个月后"负面清单"就有了"升级版"，与前一次版本相比，2014年版特别管理措施压缩至139条，减少了51条。2015年福建自贸试验区适用的版本又比2014年版缩减了17条，并且上海、广东、天津、福建四大自贸试验区共用一张"负面清单"，统一的"负面清单"让四个自贸试验区处于统一的起跑线上，不易产生恶性竞争。上海自贸试验区成立不到两年时间，"负面清单"已"三度问世"，然而，中国扩大开放，减少市场准入限制的脚步并没有停歇。2018年国务院放出大招，在自贸试验区试行过的外商投资"负面清单"在全国复制推广，"负面清单"升级为"全国版"。最新的《外商投资准入特别管理措施（负面清单）（2020年版）》和《自由贸易试验区外商投资准入特别管理措施（负面清单）（2020年版）》的出面，进一步开放市场，给外资企业带来了巨大的信心。

"负面清单"不是简单的"由正转负"，并非把原来的鼓励类、允许类去掉，把禁止类和限制类合并起来，而是要对各行业各门类进行重新分析评估，尽量缩短清单条目，放宽市场准入门槛。福建自贸区推出"负面清单"管理为核心的投资管理制度，与国际接轨，"负面清单"之外的领域，外商投资项目由核准制改为备案制，政府管理重心从事前审批，转为事中、事后监管。从此以后，福建对外商投资管理终于使用国际通行的排除法了，外商在福建自贸试验区投资有了明确画出的"禁行线"，线外反而更加畅通。法无禁止皆可为，外商进入福建不用再"打哑谜"了，投资信心一下子爆棚。世界各国企业看到了福建投资环境的改善和良好的发展前景，也提升了投资福建的意愿。

（二）外资企业设立"1个月 VS 1天"

福建自贸试验区有了"负面清单"，再加上外商投资由核准制改为备案制，原本一般投资项目承诺29天办理完结，现在缩短到最快1天，这速度真是太快了！陈先生立刻决定将自己的公司注册在福建自贸试验区福州片区。那么，在福建自贸试验区注册一家外资企业有哪些步骤，需要做哪些登记或备案呢？我们跟着陈先生一起来体验吧。

第一步，确定经营范围。外商需要查看最新版的"外商投资负面清单"，避开禁止投资的行业。在福建自贸三大片区，只要是在"负面清单"以外的外商投资企业都可以通过"一站式"受理窗口进行备案。

第二步，网上"一表申报"。外商可以通过福建自贸三大片区在线办事系统进行网上申报，福建商务厅会同工商、质监、税务等部门，将外资企业设立需要填报的20大类信息汇总成一份表格，避免了企业在多个部门间重复填报相同的基础信息。之前，外商准备一份材料大概需要用时半个月，现在只需要花30分钟就能一次性在线填写一份申报内容。

第三步，窗口"一口受理"。在线申报后，外商只需要到一个窗口递交申请表、名称核准通知书、外国投资者主体资格证明3项材料，审批后企业也是一个窗口领取证照，无须在多个部门之间多次往返。

"如果没有'负面清单'和商事登记制度改革，我无法想象公司何时能办成。"陈先生谈起公司设立的过程感慨万千，只用了短短两周时间就顺利拿到了企业"准生证"，相关业务得以迅速发展。福建自贸试验区挂牌后，"负面清单"管理以及商事登记制度改革，释放出了巨大的改革红利。福建自贸试验区还将继续深化行政审批制度改革，努力实现审批事项最少化、审批环节最简化、审批服务便利化，在规范审批、简化审批、高效审批上实现新突破。

三、自贸区吸引侨商回归创业

福建是我国著名的侨乡，旅外闽籍华侨华人有 1500 多万，遍布世界各地。福建自贸试验区和 "21 世纪海上丝绸之路核心区" 的建设激发了侨商回乡创业的冲动和热情。

（一）自贸区 "磁场效应" 凸显

祖籍泉州的侨商黄先生有着闽南商人敢闯敢拼的精神。从事进出口贸易 20 多年来，从最初的罐头，到现在的各类食品，黄先生与美国、南非、秘鲁等国家的生产商建立了代理关系，贸易输出地也由泰国、美国和中国香港转向家乡福建。作为改革开放后成长起来的闽籍侨商，黄先生见证了中国外贸的成长，自己也从传统的进出口业态，转型升级借力福建自贸试验区进军跨境电商，整个转型升级的过程可谓水到渠成。

跨境电商，可以简单地形容为 "互联网+外贸"。"自贸试验区" 与 "跨境电商" 是天生一对，因为 "跨境" 就需要人员、资金、信息的便利化，在福建哪里投资贸易的便利化程度最高？当然就是自贸试验区。福建自贸试验区正式挂牌后，因为享受自贸试验区的政策红利，像黄先生这样在自贸试验区投资做跨境电商的侨商越来越多，在离乡打拼的侨商眼中，福建自贸试验区就像是一块巨大的 "磁石"，吸引着他们的回归。

（二）自贸区"溢出效应"紧随

福建自贸试验区成立后吸引了许多像黄先生这样的闽籍侨商入驻，他们运用自贸试验区政策，通过自己的先行先试，不仅把海外物美价廉的好产品销售到福建家乡来，而且把国内的，特别是福建的产品出口到国外去，让海外市场进一步了解福建产品，满足对福建产品的需要。

在许多闽籍侨商眼中，自贸试验区是一个窗口、一个延伸地，希望通过自己的先行实践，把在这里探索出来的经验、管理模式对外输出，带动更多的侨商进来。福建自贸试验区的好政策，不能仅封闭在这几公里的地方，要往外溢出，延伸到其他的地区；在自贸试验区探索出的新路径、成熟的模式，也应该在福建省内和其他地区复制、推广。

第三节　金融创新：自贸区账户

在国家金融政策的支持下，福建自贸试验区抓住机遇大胆先行先试，金融改革渐入佳境。账户管理更开放，资金流动更自由，金融机构在自贸试验区"生根发芽"，加快入驻形成集聚效应。金融发力，则产业生根，金融创新与企业发展同频共振，金融创新成为灌溉改革开放试验田的一池活水。

一、探秘自贸试验区资金跨境流动

（一）威力渐现的跨境双向人民币资金池

跨国公司跨境经营的过程中，常常需要在境内外成员企业之间进行内部盈余资金的调剂使用。比如，当境内资金有盈余而境外资金不足时，境内公司通过向境外放款的方式借款给境外公司；而当境内资金不足而境外资金有盈余时，境内公司则向境外公司借入外债。无论是境外放款还是借入外债都需要经过中国人民银行、外汇管理局等部门逐级审批，手续较为烦琐，流程耗时较长，而且资金只能在签订借贷合同指定的双方之间使用，无法满足跨国公司境内外集团成员企业之间短期资金流动、灵活调剂使用的需求。

2016 年 4 月，跨境双向人民币资金池业务落地福建自贸试验区，允许跨国企业集团根据自身经营和管理的需要，在符合条件的境内外非金融成员企业之间开展跨境人民币资金余缺调剂和归集业务。这项业务的实质是为了适应跨国公司资金集中管理的需求，以自贸试验区内账户为母账户，境内外成员企业账户为子账户，资金可以自由地在母、子账户间汇划，实现境内与境外人民币资金的双向流通和集中管理。该政策拓宽了人民币资金回流的通道，进一步加强了跨国公司全球资金的统筹调配和有效监控。

政策落地后，许多跨国公司跃跃欲试。以天福茗茶集团为例，该集团创建于 1993 年，是全国最大的茶业集团企业之一，2011 年集团在香港联交所挂牌上市，成为大陆第一家在香港上市的茶业企业。中国银行福建自贸试验区平潭片区分行综合分析公司经营、股权架构、内控制度等情况，向天福集团宣传人民币资金池相关政策福利。人民币双向资金池的操作其实很简单，集团只需要在银行开立一个双向资金池的账户，境内、境外的人民币资金就都可以转入其中。当境外公司需要资金时，集团在境内的人民币可以到境外去使用；当境内公司需要资金时，集团在境外的人民币也可以回流到境内使用。天福集团累计办理了跨境双向人民币资金池业务 14 笔，金额达 6 亿元，降低融资成本 500 余万元。不仅解决了企业境内外资金流转的瓶颈问题，也有利于企业进行资金集中收付管理，节约了不少成本，而且进一步推动了集团品牌"走出去"，朝着国际化经营的目标大踏步前进。

不过，银行为了防范风险，还是会对资金的流向进行必要的限制。人民币跨境资金池只支持跨国集团内部资金的跨境流动，这是资金池存在的前提和基础。同时，企业在使用资金池的时候，资金必须按照规定使用，比如禁止用于某些领域的投资等。此外，由于资金池所存放的必须是人民币，因而，对于企业来说，境外的资金要归集进来，需要结汇成人民币，待未来使用美元时，再重新换汇，这个过程还是会有一些汇兑的损失，会略微增加企业的汇兑成本，但是无论如何，跟之前相比已经是非常大的进步了。

（二）渐入佳境的跨国公司外汇资金池

随着跨国集团国际化步伐的加快，集团海外投资和国际贸易业务量越来越多，外汇资金统筹运作和调拨的需求与日俱增，由国内资金集中管理发展到全球资金集中管理、人民币集中管理发展到外币集中管理势在必行。

跨国公司外汇资金集中管理是福建自贸试验区金融创新的又一项重要举措。与人民币双向资金池类似，外汇资金集中管理也是通过在自贸试验区开立一个主账户，把跨国集团公司所有成员企业的外汇资金汇集进来，形成规模庞大的"资金池"。集团可以集中管理境内外的外汇资金，既方便开展进出口业务资金集中收付汇，又能在规定的外债和对外放款额度内实现成员企业之间资金互联互通，便利集团内部调剂资金盈缺，给集团内部账户管理、资金调配带来极大的便利。这种模式下，外汇管理局允许集中管理的主办企业在自贸试验区开立人民币和外汇双账户，允许企业双账户上的外汇资金和人民币资金在一定额度内自由兑换，从而减少审批环节，最大限度地实现境内外资金的自由流动。

在此背景下，福建自贸试验区金融机构积极与跨国企业对接，推广外汇资金集中管理。以高龙集团为例，高龙集团股份有限公司注册于香港，是一家专业经营进口鱼粉、鱼油和水产饲料及水产品加工的综合性企业。2016 年 7 月，兴业银行福州自贸片区分行与高龙集团签署外汇资金集中运营管理银企合作协议。利用这一创新业务，高龙集团把境内外 19 家成员公司年均近 1 亿美元的外汇资金归集到福州自贸片区的主账户进行统筹管理。在合作过程中，兴业银行福州片区分行还为高龙集团办理了背对背信用证、信用证境外贴现等一系列新型跨境外汇资金集中运营管理业务，帮助高龙集团更加灵活地调控和管理境内外资金，实现整体用资和融资成本降低。

福建自贸试验区开展跨境双向人民币资金池和外汇资金集中运营管理业务，便于跨国集团统筹管理境内外人民币和外汇资金，有效调剂资金余缺，提高资金使用效率，降低企业财务成本，有利于跨国集团搭建跨国资金一体化管理体系，实现了通过金融创新服务实体经济的目的。

二、赋予企业更大自由的"意愿结汇"

（一）从"按需结汇"到"意愿结汇"

在外汇资本金意愿结汇政策落地福建自贸试验区之前，对外商投资企业资本金结汇的管理方式为支付结汇制，也就是说企业不能随时结汇，只有在有实际需要时才能向银行提出申请，提交支付用途的相关凭证如合同、发票等，以及要支付对象的开户银行账号，银行在审核相关凭证通过之后，才可以为企业办理结汇。这种"按需结汇"的管理方式主要是为了防止"热钱"流入以及企业一些违法的行为，但是审核过程烦琐，时间耗费长，给企业造成了一定的汇率损失和带来诸多不便。

福建自贸试验区成立后，外汇管理局将外商投资企业直接投资项下外汇登记及变更登记权限下放，由银行直接办理，在保证交易真实性和数据采集完整性的条件下，允许自贸试验区内外商投资企业直接投资项下的外汇资金按意愿结汇。到底何为外汇资本金按意愿结汇？"意愿结汇"制度实际上是一项自由结汇的制度，也就是给予企业对自己的外汇资本金结汇时间选择上的自主权。企业不需要有实际的支付用途，而是可以自由选择结汇的时点，将外汇资金结汇以后放在"结汇待支付账户"中，等到企业要使用这笔资金时，再从这个账户直接划款到结汇企业的交易对象账户。

（二）"意愿结汇"给企业带来什么

从"按需结汇"到"意愿结汇"，给外商投资企业带来什么实惠？以中创实业集团为例，该集团是 2014 年在福建平潭注册成立的台港澳自然人独资有限责任公司，是一家主营互联网及相关服务业的创新型企业。企业的直接投资项下外汇资金主要包括外国股东投入的外汇资本金、企业资产变现账户资金以及境内的再投资账户资金三个部分。福建自贸试验区外汇资本金意愿结汇政策落地后，中创集团与中国建行平潭支行合作，成为首家在该行成功办理外汇资本金意愿结汇业务的企业。

第一，"意愿结汇"大大简化了结汇的流程和手续。中创集团只要先在中国建行平潭支行开立一个"结汇待支付账户"，就可以自由选择时间点，不需要提供支付用途等凭证，直接将外汇资金结汇以后放在"结汇待支付账户"中，等到企业要使用这笔资金时，再向银行提交资金用途的凭证，银行审核以后就直接从"结汇待支付账户"中划款给中创集团的交易对象，也就是收款人的账户中。

第二，为企业提供了规避汇率波动风险的政策空间。"意愿结汇"使得企业的结汇行为和资金的使用行为时点可以分离，企业可以根据自身的意愿以及对未来汇率的走势的判断决定何时进行结汇，可以有效规避汇率风险或汇兑的损失。

第三，开办资本金意愿结汇业务后，还能提高企业的存款收益率。结汇后的人民币资金可以存放人民币定期存款，提高存款收益。办理了外汇资本金意愿结汇业务，中创集团将 200 万美元结汇成人民币后，存款收益就可增加约 9.3 万元。

三、润泽实体经济的多层次金融服务

福建自贸试验区的经济业务由境内延伸至境外，对金融服务提出了更高的要求。金融机构从每一个产品、每一个项目、每一个企业抓起，通过自贸试验区窗口，以细致入微的服务助力实体经济发展。

（一）金融"引擎"助力自贸试验区提速

为助力福建自贸试验区提速，金融机构靠前服务，简化经常项下跨境人民币结算业务流程，除"负面清单企业"外，其余企业均可凭指令办理经常项下跨境人民币结算业务。除此之外，各大银行纷纷推出创新举措，为自贸试验区内企业投资贸易便利化提供金融支持。例如，中国银行福州片区分行自主研发了"汇款报文抓取系统"，该系统为全国首家面向中小企业的进出口流程外包服务平台——福建一达通公司，它能完整推送其代理的中小企业客户账户信息，帮助企业缩

短回款周期，提高企业资金周转效率。广发银行福州分行为东盟海交所量身定制跨境银商转账系统，简化跨境交易中开立账户、资金转拨烦琐等环节，实现境内外会员跨境交易结算缩短至0.5-1小时。

（二）融资渠道拓宽为企业注入资金"血液"

为全面服务福建自贸试验区企业发展，金融机构从多层次资本市场，到跨境金融、融资租赁，多措并举拓宽企业融资渠道。福建银行业通过创新跨境直贷、内保直贷、易速贷、创业贷、无还本续贷等多种融资模式帮助区内企业解决融资难题。

例如，兴业银行福州分行立足自贸试验区，辐射境外，通过加强与香港分行的行内跨境联动合作，积极开展跨境贸易融资业务。将区内企业传统的境内贸易融资模式调整为与境外市场直接对接的境外融资模式，使得区内企业总体融资成本从原来的4.5%左右降低到3%左右。目前，高龙集团已在兴业银行香港分行获得4000万美元授信额度，并开展信用证境外贴现业务。该模式发挥了境内外机构联动优势，为区内企业降低融资成本。兴业银行还在福建自贸福州片区内发起设立福建省企业技改基金，重点用于福建省内先进产能扩产增效、智能化改造以及服务型制造等领域重点技术改造项目，中铝瑞闽集团的"中铝东南沿海铝精深加工基地项目一期工程"正式获得该基金3亿元的技改资金，成为福建省企业技改基金的首批受益者，获得该基金支持使得前4年企业的融资成本仅为3%。

针对小微企业想贷款但无担保，金融机构想放贷但不了解企业信用等问题，银行业也频频使出新招。例如，银行业联合税务部门创新实施"银税互动"，实现小微企业、银行及税务三方共赢。"银税互动"，顾名思义是指银行部门与税务机关通过建立合作机制、搭建合作平台、共享交换信息，将企业的纳税信用与融资信用相结合的创新融资方式。简单来说，在银税合作前，企业在银行和税务机关分别有两套信用档案，这两套信用档案是互相独立、互不共享的，这意味着企业的纳税信用无法对融资等金融行为造成影响。但是随着"银税互动"合作的实施，纳税信用与融资信用共享，税务部门将企业的部分纳税信息和纳税信用推送给银行，银行利用这些信息，优化信贷的模型，更大程度地帮助具备良好纳税信用的企业快速融资。良好的纳税信用成了小微企业获得贷款的通行证，这也催生了金融机构的"税信贷"产品。另外，还有保险业推广小微企业贷款保证保险——"小贷险"试点，采取"政银保"合作，面向小微企业创新推出"无抵押、无担保、风险共担"的融资新模式。海峡股权交易中心以股权、债权为基础开展金融产品创新，为自贸试验区小微企业开展综合融资服务。

此外，通过创新多种融资租赁模式缓解企业资金难问题。福建自贸福州片区融信租赁公司在全国首创"新三板块易租"业务为企业融资 13 亿元；厦门片区累计办理了 40 架飞机的融资租赁业务，金额超过 40 亿美元，飞机融资租赁数量位居全国第三，并在飞机发动机、轮胎等租赁业务上实现零的突破。

（三）金融产品创新引领特色金融服务

根据福建自贸试验区产业和企业发展的特点和需求，银行业不断创新金融产品为自贸试验区企业提供特色金融服务。例如，随着自贸试验区开展汽车平行进口试点，福建自贸福州片区管委会牵头银行、保险机构为中小型进口车企量身打造"整车平行进口通宝"和"共用授信额度"，采取对库存车辆第三方质押监管担保方式，由银行向委托代理企业授信，允许汽车进口商占用委托代理企业授信额度，既解决了汽车进口商财产抵押不足问题，又有效防范金融机构发放贷款风险问题。为满足整车进口企业、跨境电商企业、进出口企业外包服务平台、交易所等新型业态跨境结算、跨境融资、资金划转、保值增值、全球现金管理等综合金融服务需求，福建省中国银行推出"中银跨境 E 商通""代开关税保函""虚拟子账户产品方案""中银 E 商通"等产品。中国建设银行推出"跨境快贷——信保贷"产品，通过提供更加便捷的全线上保单融资，缓解中小外贸企业融资难、融资贵的问题。中国农业银行针对"海丝商城"内进出口企业，推出非标准仓单质押融资服务，企业使用由仓储保管单位开具的非标准仓单即可在农业银行进行贷款融资。海峡银行根据福建自贸试验区远洋渔业企业特点，为其量身定制了跨境外汇"快捷通"业务，为企业"走出去"提供更便利的跨境金融服务。

第四节　对台先行先试：对台不走寻常路

福建自贸试验区充分发挥沿海近台优势，在打造台胞台企登陆第一家园，特别是促进两岸人员往来、吸引台湾青年创新创业创造方面积极探索，取得显著成效，对促进两岸应通尽通、融合发展具有重要意义。

一、先行先试，共建两岸共同家园

（一）独一无二的对台"新特区"

四面皆海的圆盘状大礁石上面托着一高一低的两块碑形海蚀柱，好似一艘大船鼓起双帆在海上乘风破浪前进，这就是平潭著名的自然景观——石牌洋。平潭人常常打趣说，这一高一低的两块海蚀柱像极了台湾和平潭两岛，曾经横眉冷对，现在并肩携手而行。

平潭是大陆距台湾本岛最近的地区，向东远眺，约120公里外，就是美丽的宝岛台湾。作为与台湾历史文化渊源最深厚的地区，平潭的开放开发引起了对岸台湾同胞的强烈关注，越来越多的目光投向了这块日新月异的热土。短短几年时间，平潭的地缘交通在变，一桥飞架沧海，平潭与大陆在物理空间上连为一体，"海峡号"高速客滚轮船在台湾海峡往来穿梭；生态环境在变，昔日平潭"光长石头不长草"的萧瑟，让位于如今"四季常绿、四季有花"的葱茏；发展引力在变，平潭全岛封关运作，成为大陆对台面积最大、政策最优的海关特殊监管区域，持续释放的政策红利吸引众多台商瞩目。平潭从一个偏远的海岛小县向打造两岸同胞共同家园的宏伟目标进发，这个中国第五大岛正在成为冉冉升起的"海峡明珠"。

福建自贸平潭片区因台而设，必将因台而兴。自贸试验区的建立，为平潭的发展注入了一针强心剂，平潭的开放开发迎来政策红利全面释放的新时期。产业发展指导目录、海关和检验检疫监管办法、对台小额商品交易、一类口岸开放、土地管理综合改革试点、跨境电子商务试点、企业所得税优惠目录等政策全面落地平潭，并持续增加台湾元素，推进两岸交流互动深入开展，两岸产业合作深度对接，两岸社会管理深度融合，平潭当之无愧成为独一无二的对台"新特区"。

（二）"大"与"小"托起"两岸共同家园"

平潭是福建第一大岛，建立福建自贸试验区是国家做出的重大战略决策。福建自贸试验区获批以来，平潭形成了集实验区、自贸区为一体的大格局。平潭有着背靠大陆，离港澳、东南亚距离都近的大市场，吸引了大批台胞台企踊跃入驻。良好的发展环境，使入驻企业发展迈上快车道，大家纷纷对平潭自贸片区竖起大拇指。

与平潭之"大"相映成趣的是它的"小"。在平潭自贸片区综合服务大厅的墙面上，一张"平潭企业注册进入'小时代'"的布告牌特别引人注意。注册登记企业只需要 3 个工作小时、行政审批管理局实施"综合审批"……平潭自贸片区一系列贸易投资便利化改革措施，让平潭进入"小时代"的新阶段。

在平潭工作生活的台商对平潭之"小"的感受更加真切。许多在综合服务大厅办理各种业务的台湾企业家经常感叹世界真小！因为一进综合服务大厅，总能看到好几个彼此认识的台湾老板。平潭的各项对台先行先试政策，也让两岸的交通距离、工作距离和心理距离进一步缩小。平潭离台湾新竹科技园区只有两个小时左右的航程，又可以先放行后报关，大大降低成本，很有吸引力。平潭推出台车入闽快捷通关模式，允许台湾机动车在临时牌照有效期内多次自由进出平潭，实现了台湾货车从平潭入闽的突破，台湾牌照的轿车也可以从平潭"登陆"，为台湾人民往来提供极大便利。为了方便台胞在大陆就业创业，共享发展机遇，平潭自贸片区提出对台胞试行两岸同等学力、任职资历、技能等级对接互认的举措，平潭越来越让人有两岸共同家园的感觉。

平潭自贸片区并不是一个简单的自由开放区，而是要打造成两岸同胞合作建设、先行先试、科学发展、宜居宜业的共同家园。围绕这一目标，平潭片区加快转变政府职能，努力构建"小政府、大市场"的格局，力争形成对台机制先进、政策开放、文化包容、经济多元的现代化、国际化的开发开放体制机制。

二、台商贸易投资更便利，准入更开放，往来更便捷

围绕深化两岸经济合作战略定位，福建自贸试验区发挥对台优势，不断创新两岸合作机制，推动两岸货物、服务、资金、人员等各类要素自由流动，台商投资更便利、准入更开放、往来更便捷，对台合作新窗口的作用逐渐显现。

（一）贸易投资更便利老台企迎来新机遇

福建自贸试验区投资贸易便利化改革给在福建发展的老台企带来了新的发展机遇。郑先生是一名较早赴闽投资的台商，在福建工作生活已经接近 30 个年头了，公司原来的主营业务是食品贸易，如今借助福建自贸试验区的优势，他在福州自贸片区投资发展保税仓储物流业，业务量稳步攀升。原来，台湾是国际货物空运转海运的重要枢纽，过去受各种因素限制，台湾转运大陆的国际货物往往绕开福建走。福建自贸试验区成立之后，通关便利化等政策的实行，使得闽台地缘优势得到发挥，以自贸试验区为两岸运输中转地，货到港区后进行分拨，再向内陆其他地方辐射。闽台之间的地缘优势和福建自贸试验区的政策优势可以大大降低台湾中转国际货物的时间成本和费用。举例来说，国际货物从台湾桃园机场转运到福建自贸试验区，要比此前其他路线的转运费用少两三成，时间更是控制在 24 小时以内。

贸易便利化不仅打通了两岸货物运输的通道，也催化了两岸跨境电商业务的风生水起，许多老台企由传统进出口向跨境电商转型。福州马尾东江滨大道的跨境电子商务园区 1 层台湾馆，里面台湾食品、饮料、酒、生活用品等商品琳琅满目；马尾马祖旅游服务中心的跨境电商 O2O 体验馆，设立台湾进口商品展示及线上线下销售区，开启

两马跨境电商旅游购物新模式；位于平潭的台湾商品免税市场更是充满了浓郁的"台味"，其中台湾商家人数过半，包括粮油食品、土特畜产、工艺品、鞋服、化妆品、药品等在内的台湾商品应有尽有。

深化两岸经济合作是福建自贸试验区最重要的使命之一，特别是要在贸易投资便利化方面，形成对台资台企独特的吸引力。福建自贸试验区先后推出 30 多项对台贸易便利化措施，率先采信台湾检验检测机构出具的认证结果，对台湾食品实施快速验放模式，对台湾水果"先验放后报关、先上架后抽检"，对台湾水产品免于提供台湾官方检测证书……这些都是目前最便利的台湾产品通关模式，福建已经成为台湾商品输往大陆最快速、最便捷的通道。

（二）行业准入更开放新台企抢占新市场

福建自贸试验区对台开放领域不断拓宽，目前，对台开放已拓展到医疗、教育、建筑、设计、旅游、人力资源、电子商务等 50 多个领域，引进了一大批首创性台资项目。福建自贸平潭片区在建筑、交通、规划、医疗、环保、农渔业等多个领域率先采认台湾企业资质，台湾企业经过备案后，就可以使用台湾业绩、台湾资质在平潭承揽相关业务，这是目前大陆面向台湾最开放的政策，吸引了众多新台企来闽投资以抢占先机。

台湾长隆是首家进驻福建自贸试验区从事人力资源及职业教育的企业。台湾在职业教育方面具有一定的优势，大陆对职业技能人才的需求十分旺盛，公司很早就开始关注大陆的职业教育培训市场，但由于没有对台资开放，只能等待时机。福建自贸试验区相关政策放开后，公司马上申请注册落户自贸区。不到一年时间，已为各类企业推荐 60 位人才就业，其中台湾人才 40 多人，为福建省内的相关院校的

37位教师提供专业职业技能教育培训。今后，公司希望能够立足福建自贸试验区，建立以自贸试验区为核心，辐射整个大陆市场的职业技能培训网。像台湾长隆这样被自贸试验区吸引来闽投资的新台企还有很多，比如拥有台资背景的驴妈妈（福州）国际旅行社在福建自贸试验区注册，抢先进入大陆旅游市场，接待闽籍游客赴台旅游。据统计，福建省四成的新增台资企业、合同台资选择落户在自贸试验区，自贸试验区更加开放的准入政策，吸引新台企不断涌入，抢占新市场。

（三）两岸往来更便捷打造台胞第二家园

作为对台新窗口，福建自贸试验区深层次对台合作还需要更加便捷的往来通道。为此，福建自贸试验区围绕两岸人员往来便利化推出一系列创新举措，如入境免签注、台车可入闽、台胞可贷款购房……台胞在自贸试验区工作和生活的便利化程度真是不可同日而语。

为了便利台胞生活，福建自贸试验区率先实施台湾居民入境免签注、试点签发电子台胞证和实施台胞"零距离"办证服务模式。以前办理台胞证，台胞需要来往大陆，携带相关材料到指定窗口办理，办理时间在7个工作日左右，耗时费力。现在平潭公安局应用互联网技术，把办证窗口虚拟延伸到台北、台中，为台胞提供"家门口"的办证服务，台胞"足不出岛"即可办证。

不仅台胞来闽更便捷了，台车入闽也有了快捷通关模式。台湾入闽的机动车只需1个工作日，即可办好机动车临时号牌、行驶证和临时驾驶许可，台车通过平潭澳前码头直接办理入关手续，前后总共可以停留6个月，并且在福建省内畅行无阻，这对台胞来说，确实是很大的便利。

福州、厦门、平潭三个自贸片区都设立了台胞台企"一站式"服务平台，为台胞台企在福建工作生活提供"一站式"综合服务，台胞参加社保、购房、购票等享受与福建居民同等待遇。另外，福建自贸平潭片区率先开展职业资格比对工作，现已完成 134 大项国家职业资格标准比对，全省直接采认台湾居民 20 个工种职业资格、52 项台湾职业职称，实现台胞到大陆就业的无缝对接。如今，许多台商一年大部分工作和生活时间都在福建，自贸试验区已经成为他们的第二个家园。

三、台湾青年福建自贸试验区的创业之旅

福建自贸试验区以对台交流为特色，尤其注重两岸青年的交流。在三个片区都搭建好两岸青年创业基地等就业创业平台，吸引了一批批台湾青年来闽实现创业梦想。

来自台湾台中的陈先生毕业于美国布朗大学，获得电机工程博士学位，回到台湾工作几年后，他下定决心到大陆闯一闯。2015 年，陈先生成立了宗仁科技有限公司，并于 2016 年搬入平潭台湾青年创业园。这里是台湾创业青年的梦想之家，不仅办公场地、设施家具一应配备俱全，还能获得开办补助、住房补贴、租金补贴、贷款担保补贴等支持，台湾青年只要人来，几乎带着电脑就可以直接办公。福建自贸试验区的好政策以及大陆广阔的市场是台企成长的关键，使得台湾青年创业之路更顺更宽。在平潭"实验区＋自贸试验区"双核驱动下，陈先生这几年的创业之路顺风顺水。宗仁科技构建从半导体与集成电路设计、芯片设计测试到封装生产的产业链已初具规模，在国际市场具备一定的竞争力。公司已申报了 40 多项专利，几乎每年都有两个以上的芯片新产品面市，产品远销大陆多地及港澳台地区，是创

业园中最具规模和实力的企业之一。宗仁科技还获得国家高新技术企业认定，企业所得税由原来的 25% 降为 15%。

和陈先生一样，李先生也是一名在福建发展的台湾创客。来福建之前，他在台湾从事手游开发工作，正面临事业的瓶颈。因为在台湾做游戏，人员工资和场地租金都非常高昂，缺人才和场地贵这两点牢牢地扼住了他的创业梦想。李先生正在一筹莫展时，听说福建自贸试验区专门建立了台湾青年创业园，服务的对象正是像他这样有创业意向和创业项目的台湾青年，他立刻决定到福建来碰碰运气。来到福建以后，他对自贸试验区的地理位置和扶持政策都非常满意，快速组建好自己的游戏开发团队，紧锣密鼓地进行开发工作。李先生感到来福建创业真的是兼具天时、地利、人和，很快就能在福建自贸试验区这片热土上拥抱自己的创业梦想了。

青年是两岸融合发展的未来和希望，福建自贸试验区就是要让台湾青年在这里快乐地安家落户，全力打拼，施展自己的才华，实现自己的梦想。自挂牌运行以来，厦门、福州、平潭三个自贸片区先后设立两岸青年"三创"基地，出台一系列政策措施，从创业就业培训、开办补助、住房补贴、融资服务、项目推广等方面，对台湾青年创业就业给予支持，积极帮助解决他们在创业、创新、创造中遇到的困难，有效吸引台湾青年人区创业就业。

第五章　福建自贸区好处知多少

　　福建自贸试验区设立以来，"引进来"和"走出去"的企业越来越多，对区域经济的带动作用日益显现。与此同时，自贸试验区也在悄无声息地影响普通民众生活的方方面面。总之，福建自贸试验区不仅给福建经济和产业发展带来契机，给企业和投资者带来利好，而且也让老百姓尝到了甜头，使得老百姓的生活品质越来越好。

第一节　自贸礼包：自贸区给老百姓带来的实惠

　　近年来，"自贸试验区"的概念伴随着铺天盖地的新闻，飞入了寻常百姓家。作为老百姓可能要问，自贸试验区与我们的生活有什么关系？福建自贸试验区能给我们带来哪些实惠？其实，自贸试验区给老百姓的实惠还真不少！海淘、买车、投资、就业、医疗、旅游……往下看就全明白了。

一、自贸区为老百姓省钱

（一）进口好物白菜价

　　福建自贸试验区的贸易便利化改革使得老百姓能以优惠的价格近距离购买进口商品，实现了"家门口购全球"。在福建自贸试验区的进口商品销售网点或进口商品直销体验中心，老百姓可以买到非常便宜的免税商品，即便是含税的商品也还是比市场价格低很多。例如，福州自贸片区的进口商品直销店，因为商品价格比市场便宜10%到30%，所以经常顾客"爆棚"。厦门自贸片区的海沧酒类保税展示交易中心的进口酒能比市面价便宜将近30%，甚至50%。福建自贸试验区还有个与众不同之处就是"闽台特色"。在平潭自贸片区的台湾商品免税市场有各种各样的台湾小商品免税销售。台湾水果实现了"上午在台湾采摘，下午在平潭销售"，因为不仅有"海峡号"大大缩短运程，还有平潭先进的对台检验检疫数据交换中心加速台湾水果的落地速度，解决了台湾水果运输到大陆保鲜难的问题，使得老百姓天天都能吃到新鲜的台湾水果。

（二）"海淘"省钱又省时

老百姓常说的"海淘"就是跨境电子商务，福建自贸试验区积极发展跨境电子商务，完善相应的海关监管、检验检疫、退税、跨境支付、物流等支撑系统，加快推进跨境贸易电子商务配套平台建设，吸引了大量跨境电商企业进驻。这意味着老百姓在家里上网，通过国内电子商务网站就能挑选世界各地的商品，一点鼠标就能下单，实现省钱又省时的网上购物。跨境电商企业可以直接在自贸试验区内一线渠道拿货，然后再按需将商品投递给下单的消费者，而且这些商品都可以按照国内的物流速度和价格送货上门。这样一来，老百姓网购海外商品更加快捷，由于中间交易环节减少，商品价格也会更加低廉。

（三）平行进口汽车更优惠

福建自贸试验区成立后，想买进口汽车的消费者可以享受福利。因为福建自贸试验区支持开展汽车平行进口试点，建设进口汽车展示交易中心，允许进口商直接从汽车原产国进口并保税展示交易，这意味着长期处于灰色地带的平行进口车在自贸试验区实现了正规化。平行进口车绕过了总经销商、大区经销商、4S 店等销售环节，省去了不少中间环节。根据测算，直接从汽车原产地平行进口，消费者购买同款进口汽车将比在传统 4S 店便宜 15% 至 30%。平行进口汽车符合国家质量安全标准，进口商承担经销商管理、售后服务保障、消费者权益保障、零部件供应保障和综合服务管理等责任和工作，并向消费者警示消费风险，因此和在传统 4S 店购车享受的服务几乎没有差别。

二、自贸区帮老百姓赚钱

（一）自贸题材投资热

福建自贸试验区成立后，"自贸区"成为最热的词，"自贸区"自然也成为热门的投资题材，自贸区相关的概念股都涨势大好。随着试点政策的落地实施，福建自贸试验区发展越来越清晰，相关股票也不再停留在一味地炒作概念，而是深度挖掘行业和自贸试验区政策的关联性。当前，在稳增长这条主线上，区域振兴是重要线索，自贸试验区和海西概念的叠加有其独特性，投资者关注当地的地产公司、交通运输、贸易行业公司等；平潭是福建长期发展的要点，且自贸试验区设立后发展可能更加超过预期，因此基建、交通、物流和服务业都可能是资金炒作的主线，老百姓如果投资得当，有机会获得财富的快速增长。

（二）自贸片区房地产升值

随着福建自贸试验区的发展和对区域经济的辐射作用增强，自贸片区房价会有上涨的潜力。以上海自贸试验区为例，自贸试验区设立以后，周边的房价上涨迅速，最高飙升超过万元。相比居民住宅，商业地产项目对自贸试验区的利好就更加敏感，位于福建自贸片区内的商务写字楼项目都可能会有较大的升值空间。房价上涨对于已经有房子的福建本地居民来说自然是好事，对于投资者来说也增加了许多不错的投资机会。

（三）金融理财更加多元化

随着福建自贸试验区金融制度改革和金融服务业的开放，越来越多的外资金融机构进入到福建自贸试验区，与本地银行形成竞争，老百姓有机会获得更多与国际接轨的理财产品、更多的海外投资机会以及更好的投资理财服务。

（四）"国际工资"等你来赚

福建的老百姓不仅可以靠自贸区投资赚钱，还可以去自贸区工作赚钱。不断缩减的外商投资"负面清单"，使福建自贸试验区的大门越开越大，福建自贸试验区打造的法制化、国际化、便利化的营商环境，吸引了大批本土企业和外资企业入驻，必然会产生更多的工作岗位，尤其是对中高层次的人才产生大量的需求。许多大学毕业生以及专业技术人才都有机会不出国门，在福建自贸试验区工作就拿到远超同行业水平的"国际工资"。

三、自贸区为老百姓带来高品质生活

（一）出境旅游产品更丰富

福建自贸试验区扩大服务业开放，支持在自贸试验区内设立外资旅行社，允许经营内地居民出国（境）团队旅游业务。外资旅行社资金丰厚，管理模式先进，具备丰富的地接资源，在出境游方面具有不可比拟的优势，推出的产品在线路制定方面更加合理、更加丰富，在产品价格和服务品质方面性价比更高。同时，福建自贸试验区是闽台旅游合作的新平台，借助这一平台，内地游客赴台观光旅游将更加便捷，去台湾旅行可以"说走就走"。而且福建自贸试验区发展促进闽台旅游产业深度融合，内地游客还能体验到赴台乡村旅游、文创旅游、修学旅游、康养旅游等丰富的旅游产品。

（二）体验国外高端医疗服务

福建自贸试验区成立后，国家相关部委下发通知，允许境外投资者通过新设或并购方式，在福建等 7 省市设立外资独资医院，并将外资独资医院设置的审批权限下放到省级。这意味着外资进入医疗机构投资的门槛被大幅度降低了，在福建自贸试验区设立外资医疗机构将进一步放宽，未来境外高端医疗服务就在老百姓的身边。老百姓有可能花同样的费用，不出国门便可享受外资医疗机构提供的高端医疗服务，包括综合医院、专科医院和门诊服务等。

另外，由于福建自贸试验区的税费优惠，医院引进国外进口设备的成本将大大降低。比如，目前三级甲等医院普遍使用 PET CT（全身扫描），而在国际上已经开始使用更高水准的 PET MI（全身扫描+核磁共振），后者不仅对人体的损伤更小，而且测量的准确率也精细到微米级。PET MI 的设备成本约每台 4000 万元人民币，如果引进到福建自贸试验区，税费成本将大大降低，最终让用户花更少的钱，得到更好的医疗产品服务。

（三）享受国际化教育资源

自贸试验区为福建教育国际化提供了难得的历史发展机遇，福建自贸试验区出台政策鼓励支持海内外组织、个人发挥自身优势，到自贸试验区周边或内部创办各种基础教育国际化学校，积极接纳现有的一些知名基础教育国际化学校在福建办分校。这样，已经参与国际化基础教育的学校将加快国际化步伐，未参与国际化教育的基础学校逐步加入国际化教育行列。这意味着福建学子可以不出国门在本地就能享受到更多更好的基础教育国际化资源。另外，允许在福建自贸试验区设立出国留学的中介服务机构，福建学子想要去国外留学深造，可以直接在福建自贸试验区办理手续。

（四）精彩纷呈的娱乐项目

福建自贸试验区允许外资企业从事游戏游艺设备的生产销售，更多海外游戏产品可以通过正规渠道进入千家万户，这对于游戏迷来说，通过正规渠道拥有"行货版"的游戏机将不是问题。同时，由于福建自贸试验区允许设立外商独资演出经纪机构，也就是说，外国明星来福建演出将会更加方便，一些境外文化公司、明星名人等会来常驻，老百姓花很少的钱就能在家门口听一场高水准、国际化的演唱会。福建自贸试验区还允许设立外商独资的娱乐场所，这意味着老百姓可以在本地享受海外娱乐服务，可以体验到很多原汁原味的国外娱乐项目。

第二节　筑巢引凤：自贸区给企业的红利

福建自贸试验区成立以来，各项改革工作都有条不紊地推进，贸易投资便利化、金融财税、政府职能转变、闽台合作、人才支持、法制保障等各方面创新举措的全面落地，给企业发展营造了国际化、法制化和市场化的营商环境。企业作为市场的主体，既是支撑自贸试验区运行的市场基础，又是自贸试验区建设发展最直接的受益者。

一、营商环境改善，企业成本降低

（一）开办企业流程简化，办证办照一站搞定

福建自贸试验区在全国率先实施"三证合一、一照一码"商事登记制度改革，将开办企业需要分别在工商、税务及质监部门办理的营业执照、组织机构代码证和税务登记证"三证合一"，各部门按照职责分工，实现部门间数据互换、档案共享和结果互认。对申请人而言，改革后不用再一个个部门跑去办证，只需在一个窗口办理，再由受理窗口一次性发放证照给申请人。

外资企业设立实行"一表申报、一口受理、信息部门共享、加强事中事后监管"的模式，将原来多部门串联审批改革为并联审批，企业设立由原来 29 天缩短为最快 1 天。另外，商事主体名称自助查重、自主申报制度以及企业联络地址登记制度等举措，都进一步放松对市场主体准入的限制，简化了企业办事申报材料的同时，提升了办事效率，使企业尽早享受自贸试验区改革的红利。

（二）纳税服务便利化，企业享受税收优惠

福建自贸试验区全面推行"互联网+税务"服务模式，推动国税地税协同服务，全国首创国税地税协同重点税源直报，建立重点税源统一填报平台，彻底解决了国税地税共管企业重复报送的问题，实现

了纳税服务便利化，减轻了企业负担。福州自贸片区推出的3A移动办税平台，打破了时间和空间的限制，快速满足纳税人办理各种涉税事项、政策咨询、信息查询等各类需求。厦门自贸片区推出国税地税一窗联办、税控发票网上申领、手机领票服务等创新举措，九成以上的办税事项可以全程网上办理。另外，福建自贸试验区税收优惠政策助力企业"轻装上阵"，降低运营成本。平潭自贸片区税收政策出台了一系列减税降负措施，对平潭企业之间货物交易免征增值税和消费税；对符合一定条件的企业按15%的优惠税率征收企业所得税；允许按有关规定设立口岸离岸免税店等，这些措施都降低了企业的成本，对企业具有巨大的吸引力。

（三）法律服务多元化，解决纠纷更快更专业

在福建自贸试验区做买卖都国际化了，产生国际化的经济纠纷也在所难免。福建自贸试验区构建国际化、多元化的商事纠纷仲裁体系和调节机制，更快更专业地为企业解决纠纷和提供法律服务。三个自贸片区分别建立了规范化的运作体系：福州自贸片区成立自贸区法庭及国际商事仲裁院；厦门自贸片区成立国际商事仲裁院及国际商事调解中心；平潭自贸片区成立平潭人民法院暨自贸试验区法庭以及海峡两岸仲裁中心，仲裁中心聘请了40多名台湾仲裁员以方便台资企业选择台湾地区的仲裁员来解决纠纷。快捷、实用、专业、高效的法律服务平台，保障了企业的利益，增强了企业的信心。

二、贸易通关高效便捷，助力企业外贸增速

（一）海关"一线放开"带来巨大便利

福建自贸试验区深化"一线放开、二线管住、人货分离、分类监

管"的分线管理模式，推进一线、二线业务联动，提高通关效率。"一线放开"就是企业从境外进入自贸试验区的货物，符合条件的不需要办理复杂的报关手续，只需要备案，并且可以享受保税免税政策。对于依靠进出口业务的外贸公司来说，无疑会带来巨大的便利。

（二）深化改革，营造高效通关环境

福建自贸试验区以营造全面高效通关环境为目标，着力推进"大通关"建设，联合出入境检验检疫局、海事、边防等部门共同开展改革探索，对制度进行重构、对流程进行再造，构建起"信息互换、监管互认、执法互助、资源共享"的新型口岸监管模式，实现通关办理网联化、风险防控智能化、监管服务便利化。推出国际贸易"单一窗口"、关检一站式查验、简化检验检疫原产地签证管理、检验检疫源头管理、口岸验放快速通关模式等一系列创新措施，简化通关手续、提升通关效率，切实为外贸企业减负增效，为福建稳控外贸提供助力。

（三）推动"互联网+"服务，让企业少跑路

福建自贸试验区积极推动"互联网+"服务，着力打造"网上政务大厅"服务平台，在线办理各项审批事项及公共服务事项，实现让数据多跑路、企业少跑腿。改革之前，企业需要花费数天时间往返多部门多窗口递交单据，改革之后，企业只要通过"网上政务大厅"，十几分钟内就可以搞定，为企业节省了大量的时间和费用。

三、投资管理对标国际，增强企业创新活力

（一）营商有负面清单，享准入前国民待遇

福建自贸试验区对标国际，在外商投资领域采用"负面清单"管理模式，以及准入前国民待遇。外资引进福建不用惧怕苦等审批，凡是"负面清单"以外的领域，外商投资企业设立和变更均由原来的审批制改为现行的备案制；也不用担心什么该投资什么不该涉及，凡是"负面清单"以外的领域，外商投资企业都可以依法平等自主地进入。"负面清单"和准入前国民待遇模式带来了更高标准的规范化、更高水平的透明度和更大程度的便利化，大幅度减少了行政审批的时间和成本，提高了外资企业设立和运行效率。

（二）优化审批流程，为企业投资项目审批松绑

福建自贸试验区以风险防范为底线，注重部门之间的协同，将投资项目前置审批尽可能转化为事中事后监管，大力优化投资项目审批流程，以格式化、标准化促进规范化、极简化和高效化。平潭、福州自贸片区实施投资体制改革，建设项目审批全程采取"一表申请、一口受理、并联审查、一章审批"的运行机制，将投资审批手续格式化、模式化，审批效率提速近 3 倍。厦门自贸片区创新区域管理模式，建立"多规合一"城市治理体系，推动审批流程再造，从项目建议书到施工许可核发，申报环节由 24 项减少到 4 项，申报材料由 249 项减少到 93 项，办理时限由 180 个工作日减少到 49 个工作日。优化的投资项目审批流程，为企业投资项目审批松绑，企业申报材料精简，办理施工许可的人力、物力、财力成本降低，大大提高了企业投资项目审批的效率，减少社会资源浪费。

四、多维创新的金融服务，缓解企业资金压力

（一）跨境投融资更便利，融资成本更低

福建自贸试验区金融改革将金融服务从境内延伸至境外，为企业贸易投资提供全方位、一体化的金融服务。企业可以通过自贸试验区向境外金融机构融资，而境外金融机构的融资成本远远低于境内融资成本。例如，福州自贸片区兴业银行与香港分行联动，将区内企业传统的境内贸易融资模式调整为与境外市场直接对接的境外融资模式，使区内企业融资成本从原来的 4.5% 左右降低到 3% 左右。另外，自贸试验区账户管理更加开放、资金流通更加自由，跨国公司可以通过开立跨国调拨的资金池账户，开展人民币或外币资金汇集、划拨和结算等业务，资金调配更加便捷、成本更低。

（二）金融新业态层出不穷，满足企业融资需求

随着福建自贸试验区内金融改革渐入佳境，各种金融创新层出不穷，如互联网金融、汽车金融、航运金融、融资租赁等金融新业态不断创新发展，为企业提供精准的金融服务的同时，拓宽企业融资渠道，满足企业个性化的融资需求。

（三）中小微企业融资更容易

福建自贸试验区针对中小微企业资金少、抵押物无保证、贷款难等问题，银行业创新实施"银税互动"计划，即银行根据中小微企业的纳税情况给予信用贷款，实现了中小微企业、银行与税务三方共赢。另外，保险业采取"政银保"合作，推广中小微企业贷款保证保险试点，面向中小微企业创新推出"无抵押、无担保、风险共担"的

融资新模式，中小微企业融资贵、融资难的问题得到一定程度的缓解。

第三节　转型升级：自贸区给产业的机遇

随着福建自贸试验区改革、开放、创新步伐的不断加快，以自贸试验区建设为"试验田"，传统产业催发新动力、新型业态落地生根、闽台产业合作深化，福建产业获得了改革的红利和发展的机遇。

一、传统产业发展活力增强

（一）加快传统产业信息化建设

福建自贸试验区利用信息管理技术，推进贸易监管制度改革和政府管理服务创新，可以倒逼传统产业企业推进信息化建设和应用，提高信息化水平。因为如果传统企业的信息化水平跟不上，难以对接支撑制度创新的信息系统，就无法享受制度创新带来的改革红利。因此，传统产业企业借助这一契机，重新审视自身的业务流程，加大力度对企业生产控制、技术研发、贸易交易和客户管理等重要环节进行信息化改造，促进信息化与工业化融合，提高企业资源利用率。

（二）推动传统产业科技创新

福建自贸试验区的制度创新会带动传统产业企业科技创新的发展。一方面，自贸试验区贸易便利化监管制度创新有助于传统企业进口先进的技术设备、关键零部件或国内短缺资源等，为企业工艺流程再造、提高产品质量、提升技术水平提供支撑；另一方面，自贸试验区营造的市场化、法制化和国际化的营商环境对跨国公司和外商投资企业具有巨大的吸引力，也能够吸引更多的高层次科技人才聚集，从而带动提升福建传统产业技术创新水平，成为传统产业提升科技创新的重要契机。

（三）促进传统产业服务化发展

福建自贸试验区制度创新将大力推动传统产业与服务业融合发展。一方面，服务业开放是福建自贸试验区产业开放的重要方向，基于"负面清单"的投资制度改革和商事登记制度改革放宽了服务业的市场准入，激励更多的外商投资发展服务业尤其是生产性服务业；另一方面，促进本地生产性服务业发展，自贸试验区制度改革有利于发展货物运输、仓储物流、信息服务、金融服务、生产性租赁、商务服务以及网上交易、在线支付、数字认证等生产性服务业领域的配套功能，且自贸试验区的金融创新服务也有利于拓展生产性服务业的融资渠道，破解中小型生产性服务业企业融资难的问题。生产性服务业能为传统产业发展提供高质量的中间服务，提升产业附加值，增强传统产业发展活力，推动传统产业转型升级。

（四）推动传统产业企业"走出去"

福建自贸试验区为福建省纺织服装、造纸、建材和冶金等传统产业发展搭建各种形式的经贸合作平台，特别是发展跨境电商平台，进一步提高传统产业产品的国际市场占有率，提高其国际化经营水平。另外，自贸试验区制度创新有助于福建省拥有自主品牌、核心技术的优势传统产业企业通过跨国并购、重组等方式"走出去"，实现全球市场布局，提高国际竞争力。

二、给新兴产业发展带来契机

新兴产业是随着新的科技成果和技术发明产业化、市场化出现的，对社会经济发展具有重大或长远影响的新行业。当前，新一代信息技术和席卷全球的新冠疫情改变了国内国际经济运行的模式，带来贸易形态、消费习惯、工作方式的改变，健康医疗、大数据、物联网、人工智能、跨境电商等新兴产业逆势增长。针对新形势新变化，福建自贸试验区开新局、育新机，对这些新兴产业的发展加大培育力度，给新兴产业发展带来机会。

（一）自贸试验区为新兴产业发展提供制度支持

新兴产业的孕育和发展需要有灵活、创新的制度环境。福建以自贸试验区建设为契机，推动各项制度改革和创新，在健康医疗领域，围绕医疗投资、药品器械、出入境特殊物品审批、医师执业、医保对接等方面；在大数据领域，围绕数字政务、数字贸易、数字金融、数字监管等方面；在跨境电商领域，围绕综合服务平台建设、通关模式改革、金融支持等方面；在离岸贸易领域，围绕实施企业"白名单"制度、离岸贸易真实性监管创新等方面，都进行了许多有益的改革和探索，为新兴产业发展提供制度支持。同时，自贸试验区在项目核准备案、工商登记、高新技术企业、创新型企业认定等方面，减少审批程序，提高行政效能，为新兴产业发展营造良好的制度环境。

（二）借助自贸试验区建设提升科技创新能力

新兴产业的发展离不开科技创新的支撑。借助福建自贸试验区平台，一方面可以利用自贸试验区进口研发设备和耗材的免税政策，积极发展创新型研发中心和技术服务中心，开展产品设计、生产研发和技术创新等活动；另一方面，可以借助自贸试验区平台，深化对外技术合作交流，尽快掌握一批关键核心技术，提升自主研发能力。

(三) 自贸试验区建设推动新兴产业集聚发展

产业集聚是扶持和培育新兴产业的有效途径，福建自贸试验区建设有利于推动新兴产业集聚发展。福建自贸试验区的核心任务之一就是创造良好的营商环境，吸引一批战略性新兴产业项目落户，发挥辐射、示范、扩散等作用，使自贸试验区成为福建新兴产业市场竞争的核心地带，形成一批特色鲜明、优势突出、规模较大的新兴产业集群。

三、闽台产业合作深化

福建自贸试验区扩大对台资开放，降低台商投资门槛，转变政府职能，创新对台资企业管理方式，以及金融领域对台开放先行先试，通过全面制度创新为深化闽台产业合作提供新的契机。

(一) 深化闽台现代农业合作

福建自贸试验区先行先试，在贸易投资、金融服务等方面开展创新试点，深化闽台现代农业合作。贸易方面，简化台湾农产品的通关手续，提高通关效率，就农产品进口贸易所面临的通关和检验检疫等问题与台湾方面建立检验检疫和农药残留检测标准互认机制。在投资方面，放宽或取消从事农业的两岸合资企业由大陆方控股的要求，在土地审批、土地流转、税收等方面制定优惠政策，推动闽台农业合作。在金融服务方面，开展强化闽台农业合作的金融服务创新，进一步拓展农业土地经营权、林权、茶果园抵押贷款等金融创新产品，为台资农业企业提供金融支持。

（二）拓宽闽台物流业合作

利用福建自贸试验区对台的地理优势和政策优惠，拓宽闽台物流业合作路径。

推动各项对台贸易便利化创新试点落地，争取台湾大宗货物由福建中转；放宽行业限制，引导闽台大型物流企业通过投资、合作、参股等形式，共同开拓内陆省份市场，共同做大物流业；推进闽台物流标准化和信息化建设，加强包装、仓储、运输、配送等方面的物流标准管理，推广使用物流信息技术，实现商品来源可追溯、去向可查证；推动两岸以互认为核心的海关特殊监管区域交流合作，促进闽台港口联动发展。

（三）推进闽台金融业合作

福建自贸试验区推进闽台金融业合作，推动已设立对台中心的银行在加强与台资银行业务合作、创新对台金融产品、提升对台金融服务水平等方面先行先试；支持海峡股权交易中心吸引更多台企挂牌展示、交易；金融业对台资进一步放开，降低台资金融机构准入和业务门槛，支持符合条件的台资金融机构按照有关规定在自贸试验区设立两岸合资银行、基金管理公司、证券公司和保险公司等。

（四）创新闽台旅游业合作

把握福建自贸试验区建设机遇，探索和实践闽台旅游合作新模式，打造两岸旅游产业发展新升级。充分发挥闽台空中直航、海上直航、海空联运的立体交通优势，提升两岸游客往来便利性。推动闽台旅游产业项目建设，提升闽台旅游产业合作，设计开发邮轮、高铁、自驾、骑行、乡村、文创、康养等新业态旅游产品，完善闽台旅游产品体系，满足民众旅游需求。拓展双向市场，围绕"海丝之旅""研学之旅""文化之旅""健康之旅"等主题，联合台湾旅游业策划一程多站式旅游线路，打造两岸旅游共同市场。

第六章 福建自贸区的未来畅想

福建自贸试验区已经走过了步伐坚定的五年，取得了丰硕的成果。站在新的历史起点，我们回顾过去，展望未来，在国内国际双循环相互促进的新发展格局下，福建自贸试验区在对标国际、制度创新、要素配置、产业发展等方面将会有更深入的推进，发挥更大的引领作用。福建自贸试验区的建设依然任重而道远，让我们畅想未来，试着为福建自贸试验区建设擘画长远。

第一节　闽在海中：福建自贸区发展方向

21 世纪是海洋的世纪，谁掌握了海上的主动权，谁就可以在未来的国际竞争中占据有利地位。福建是一个海洋大省，也是"21 世纪海上丝绸之路"建设的核心区，福建与海洋的密切关系备受关注，福建自贸试验区建设也与海有着深刻的关联。福建自贸试验区与"海丝"深度融合发展，不断扩大与"海丝"沿线国家的经贸合作；突出海洋经济特色，大力发展海洋经济；打造海峡两岸合作新平台，进一步扩大对台开放，是福建自贸试验区未来发展始终坚持的重要方向。

一、自贸区与"海丝"深度融合发展

随着"一带一路"倡议实施和自贸试验区建设，福建自贸试验区

与"海丝"对接，做了很多有益的实践探索，密切与"海丝"沿线国家和地区合作交流，形成区内区外联动发展的局面。在贸易畅通方面，福建自贸试验区已建成新丝路跨境交易中心、"海丝"商城等30多个沿线国家的进口商品展示馆；建立中国—东盟海产品交易所等交易平台，促进与沿线国家贸易往来。在资金融通方面，福建自贸试验区鼓励企业"走出去"投资沿线国家相关项目和建设经济合作园区，促进与沿线国家的资金融通。在设施联通方面，福建自贸试验区重点加快厦门片区东南国际航运中心建设，新开辟厦门—越南、厦门—菲律宾两条邮轮航线；厦门港、福州港分别与马来西亚巴生港结为姐妹港，中欧（厦门）国际货运班列实现常态化运行。福建自贸试验区和"海丝"核心区这两大建设交相辉映、相互叠加，发挥了"比翼齐飞"和"同频共振"的效应。

今后，福建自贸试验区建设又将进入新的阶段，"21世纪海上丝绸之路"也将不断向纵深推进，实现福建自贸试验区与"海丝"深度对接、联动发展，进一步释放"自贸""海丝"等政策叠加的活力，加快培育发展新动能，形成经济发展新引擎，是福建自贸试验区建设又一次攻坚克难的新挑战。福建将继续致力于把自贸试验区与"海丝"核心区融合发展的政策优势转化为发展优势。

一是对标国际，推进制度建设，发挥自贸试验区和"海丝"核心区的对外开放优势及制度创新优势，建立与国际投资和贸易通行规则相衔接的制度体系，形成法治化、国际化、便利化的营商环境，打造开放与创新融为一体的综合改革试验区和面向"21世纪海上丝绸之路"沿线国家开放合作的新高地。

二是推进产业对接，继续鼓励福建传统优势产业借助自贸试验区平台"走出去"，继续培育新兴产业，借助自贸试验区的各种平台，如跨境电商综合试验区、丝路海运、中欧（厦门）国际班列等推进福建与"一带一路"沿线国家和地区产业对接和融合发展。

三是利用自贸试验区先行先试，增强金融监督与风险防范意识的同时，深化金融改革创新。充分利用华侨资金，有效发挥福建自贸试验区的"磁吸效应"，加强和激励海外华侨，特别是东南亚的华人华侨回到福建投资并传授经验。

四是人才集聚建设，福建自贸试验区千方百计地吸收大量懂得国际规则的高层次经管、技术和法律人才，同时，自贸试验区建设的人才也积极服务于"一带一路"的建设，推动各类人才在实现福建自贸试验区与"海丝"核心区深度融合发展中发挥更大的作用。

在未来，随着自贸试验区与"海丝"核心区这两项政策叠加效应的不断显现，激发促进自贸试验区与"海丝"核心区深度融合发展的新动力，构建对外合作发展的新平台，拓展经济增长的新空间，培育面向全球的竞争新优势，不断激发福建改革开放新活力。福建自贸试验区的特色优势持续发挥，福建自贸试验区将成为全国自贸试验区建设的"新高地"。

二、自贸区拉紧海峡两岸联系纽带

福建自贸试验区因台而设，承担着加强海峡两岸经济合作的重要使命。福建自贸试验区立足于建设深化两岸经济合作示范区，坚持打造对台特色，已经为大陆与台湾两地带来了资金、资源、人力、市场等多方面的发展优势。主要体现在：一是打造了最便利的台湾商品输送大陆的通道；二是率先实现了台资企业和大陆企业的平等待遇；三是金融合作打造了一系列的对台特色项目；四是为台湾同胞到福建自贸试验区学习、创业、就业、生活等方面提供了一系列便利。福建自贸试验区已经成为闽台深度合作的重要平台，对于提高两岸经济发展水平，促进两岸经济融合起到了非常重要的作用。

随着"一带一路"倡议走深走实，地处连接台湾海峡东西岸重要通道的福建积极参与、主动融入，将成为台湾连接"一带一路"的新平台，给台湾经济与国际联通、融入区域经济合作机制提供极为现实的路径。"一带一路"沿线国家拥有全世界总人口数的70%、GDP总额占全世界的55%，借助福建进入如此巨大的市场，对台湾是难得的机遇。搭乘福建自贸试验区建设的顺风车，"厦蓉欧"班列通过海铁联运的方式将起点延伸至台湾形成"台厦蓉欧"班列，台湾的芯片、面板、显示器等具有国际竞争力的产品可以借助班列经中亚各国直达欧洲。同时，"一带一路"倡议和国家自贸试验区战略使大陆中西部地区也成了对外开放的前沿，有利于台商进入广阔的大陆内陆市场。

今后，福建自贸试验区将继续发挥对台交流合作的窗口作用，深化对台先行先试，加快落实增值电信、全牌照证券公司、两岸合资基金等对台率先开放措施，吸引台湾冷链物流、医疗健康、文化创意、精密机械、半导体等产业入驻发展，加快建设建成两岸经济合作示范区。另外，福建自贸试验区在"一带一路"产业合作中应发挥对台合作与对东盟合作的复合型优势，积极探索"一带一路"背景下对台合作与对东盟合作相结合的新方式，吸引台资企业借道福建自贸试验区拓展东盟出口市场，实现互利双赢，成为进一步拉紧两岸联系的纽带。

三、当海洋经济遇上自贸区建设

福建是海洋经济大省，推动发展海洋经济是国家赋予福建自贸试验区的重要任务。立足海洋资源优势，做好经略海洋这篇大文章，高质量发展海洋经济是福建自贸试验区的又一大特色。近年来，福建海洋经济转型升级取得了一定的成效，渔业经济指标居全国前列。全省海洋生产总值保持 10% 以上的年增长速度，2018 年首次突破万亿大关，2019 年达 1.2 万亿元，占全省 GDP 的 28.4%，居全国第三位，水产品出口额连续 6 年居全国第一位。但是，还存在以下突出问题：一是海洋传统产业比重大，战略性新兴产业发展不够；二是海洋产业发展方式粗放，科技支撑能力有待提升；三是海洋生态环境压力较大，污染状况尚未得到根本扭转。

福建自贸试验区建设的深入，给日渐崛起的海洋经济发展带来前所未有的重大影响。在保护海洋资源和环境的前提下，大力推进海洋经济转型升级，提高海洋经济发展质量和效益，是福建自贸试验区时刻关注且全力以赴推进的。

首先，开放合作将为海洋经济高质量发展带来新机遇。海洋经济具有典型的国际性、开放性特征，福建省充分利用自贸试验区和"海丝"核心区建设等机遇，巩固海洋合作基础，拓宽海洋合作领域，提高福建海洋经济的国际影响力和产业聚集能力，充分发挥国际渔业博览会、中国—东盟海产品交易所等平台作用，完善国际海洋经济合作交流，共享蓝色发展成果。充分利用福建自贸试验区制度创新，加强海洋经济全面开放制度体系的顶层设计，切实强化海洋经济全方位开放，增强海洋经济发展活力，推动形成更高层次的开放型产业发展体系。

其次，金融资本将为海洋经济高质量发展注入新动能。海洋经济的发展离不开金融业的支持，借助福建自贸试验区金融改革，切实增强金融服务实体经济的能力。福建自贸试验区建设将进一步激发金融资本活力，强化投资融资平台建设，逐步形成多层次的海洋金融资本市场体系，探索为壮大海洋经济提供更优质的金融服务，促进金融业与涉海企业协同双赢发展。统筹优化银行、证券、保险等多元化金融资源和融资渠道，加大对海洋新技术、海洋新业态、海洋产业的支持力度，特别是帮助中小型涉海企业解决融资困难的问题，推动海洋经济向高质量高效益转型。

再次，科技创新将为海洋经济高质量发展增添新活力。在推进福建自贸试验区建设的过程中，始终推进科技创新的支撑引领作用。借助自贸试验区平台，优化海洋生产要素组合，完善市场准入和退出机制，推动海洋经济发展方式向依靠创新驱动转变，依靠技术革新延伸产业链、提高产业附加值、提升核心竞争力。借助自贸试验区平台，集聚高校、科研院所，领军企业，加快重点领域关键环节的科技研发，加大科技成果转化力度，重点培育海洋能源、高端船舶、海洋生物医药等高端产业，促进海洋产业向中高端攀升。同时，福建自贸试验区将不断创新体制机制，着力培育科技创新人才，为人才创新提供有利的条件，充分释放创新活力，为海洋经济高质量发展夯实基础。

第二节　未来展望：双循环格局下的福建自贸区

近年来，国际国内形势发生深刻复杂变化，2020 年，新冠肺炎疫情爆发，进一步加剧了大国经贸关系的复杂性。面对全球化的不稳定性和不确定性，2020 年 7 月 30 日的中央政治局会议，提出了要"加快形成以国内大循环为主体、国内国际双循环相互促进的新发展格局"的重大战略部署。此后，"双循环"成了国内外热议的一个新名词。与此同时，基于全面深化改革和扩大开放的战略考量，中国自贸试验区还在不断扩容。如何理解"双循环"格局？作为促进"双循环"的重要载体，自贸试验区将如何发挥作用？在"双循环"格局下的福建自贸试验区要怎样砥砺前行？我们一起来看！

一、什么是"双循环"格局

(一)"双循环"提出的背景

当前形势下，中国提出经济"双循环"既是应变求变、因势利导的权宜之计，更是顺应经济发展历史规律的深远战略抉择。

第一，全球经济深陷"长期性停滞"格局。新冠肺炎疫情突如其来，世界经济遭遇重挫，全球需求市场萎缩，全球范围内民粹主义、孤立主义、保护主义抬头。经济全球化退潮加速全球产业链供应链收缩调整，逐步向区域化、近岸化方向发展，国际局势可谓前所未有的复杂与严峻。

第二，地缘政治风险上升，特别是中美摩擦全方位升级成为外部环境中最大的不确定因素。中美关系的紧张不仅是经贸摩擦，而且科技脱钩、金融施压，甚至在香港、新疆、南海、台湾这些问题上，美国也不断挑起事端，我国外部环境正在发生复杂的变化。

第三，最大的机遇还是新的科技革命。包括大数据、物联网、人工智能为核心的新一代信息技术革命已经持续了相当一段时间，新冠疫情更进一步加速了科技革命的推进，同时也促进了很多新的技术、新的业态、新的模式的出现，对全球的中心外围结构产生重大的影响。

第四，从国内环境看，随着中国经济总量的崛起，中国经济的对外依存度必然会降低，未来的经济增长潜力将在更大程度上取决于内需的挖掘程度。国内良性循环体系的建设，对于形成"中国制造+中国消费"的超大规模市场优势，提升我国产业链供应链的国际竞争力具有重要意义。

（二）"双循环"格局的内涵

"双循环"既不是有内无外，也不是有外无内，而是通过发挥内需潜力，使国内市场和国际市场更好地联通，两大循环相互嵌入、相互促进且畅通运行，实现更加强劲、可持续的发展。

以国内大循环为主体，意味着面对国外风险挑战明显上升的复杂局面，今后经济发展将更加强调利用和依靠国内市场，着力打通国内生产、分配、流通、消费的各个环节，发挥中国超大规模市场优势。相比过度依赖以出口导向为主的单循环模式，立足国内经济循环，办好自己的事情，实现国内需求对国际要素的有效吸引，培育新形势下我国参与国际合作和竞争新优势。

国内国际"双循环"相互促进，强调以国内经济循环为主，也绝非"自我封闭"，并不意味着我国经济不再重视国际经济循环，经济开始"内卷化"，而是我国的生产、分配、流通、消费各环节必须进一步深度融入国际分工体系，厚植传统优势，增强领先优势，更好地利用国内国际两个市场、两种资源。要在加强国内经济大循环的基础上，在更高开放水平上与国际经济大循环相对接，通过融入国际循环促进国内循环、以畅通国内循环支撑国际循环，在充分挖掘国内市场潜能的同时，让国内市场成为吸引国际商品和要素资源的巨大引力场。

二、"双循环"格局下自贸试验区的作用

在"双循环"新发展格局下，自贸试验区担当新一轮改革开放排头兵的作用将显著增强。自贸试验区作为当前我国最高水平的开放平台，充分整合了国内国际两个市场、两种资源的各种要素，具备成为联通国内国际"双循环"重要载体和纽带的天然优势，承担着推动"双循环"经济发展的重要使命。

（一）疏通国内大循环，自贸区大有可为

创新驱动、要素流动、区域协调，自贸试验区在疏通国内大循环方面大有可为。

一是以供给侧结构性改革促进国内大循环。我国经济存在结构性问题，国内不是没有消费需求，也不是没有消费能力，而是有效供给不足。近年来，国内消费者酷爱的各种海淘、海外代购等，正是大量"需求外溢"的强烈信号。供给侧结构性改革是自贸试验区进一步深化改革开放的主线。自贸试验区在深化供给侧结构性改革时，突出民生导向，推动新旧动能转换和产业结构优化升级，自贸试验区在供给侧结构性改革方面取得的成效，将为国内大循环清除障碍，打通关节。

二是以制度创新和科技创新促进国内大循环。自贸试验区是制度创新的试验田，坚持以市场为导向，以制度创新推进科技创新，加大力度培育创新主体，打造创新平台，推动制度创新和科技创新"双轮驱动"，破除制度性障碍和技术性障碍，才能解决国内经济大循环中"卡脖子"的难题，在国内大循环中发挥中流砥柱的作用。

三是以服务链、创新链、产业链和招商链"四链融合"促进国内大循环。自贸试验区是各类要素的聚集地，在强化"四链融合"方面具有得天独厚的优势。自贸试验区积极转变政府职能，构建综合服务平台，实现服务链的全覆盖。通过创新链有效拓展了产业链，产业链的集聚效应又带动了招商链，让招商引资的规模效应凸显。"四链融合"促进了政府与市场、创新与产业、产业与招商之间的无缝连接和相互匹配，有利于推动形成良性互动的内循环格局。

四是以区域经济协调促进国内大循环。健康的国内经济大循环离不开区域协调发展。自贸试验区及其相互间的联动协同，有效地对接"一带一路"建设、京津冀协同发展、长江经济带建设、粤港澳大湾区建设、新时代西部大开发等国家区域发展战略，带动区域经济协调发展，为内循环培育新的增长极。

(二) 促进国际循环，自贸区不可或缺

自贸试验区是推动新时代全面开放的新引擎，义不容辞地成为贯彻中央开放理念的"领头雁"，是推动国际循环的主阵地。在促进国际循环方面，自贸试验区发挥以下作用。

一是借鉴国际先进经验，大力推进自贸试验区贸易投资自由化和便利化，加快实现投资自由、贸易自由、资金自由、运输自由、人员从业自由"五个自由"，对促进国际循环发挥引领性作用。

二是对标国际先进水平，在商事、投资、贸易、金融、事中事后监管等重点领域，深入研究破解改革的重点难点，为全方位对外开放对接国际循环提供更全面的制度保障。

三是打造国际一流营商环境，自贸试验区改革就是要对标国际高标准和高水平，在全国范围内率先形成法治化、国际化和便利化的营商环境，率先形成公平、开放、统一、高效的市场环境，以打造一流营商环境促进国际循环。

四是对接"一带一路"倡议，搭建推动"一带一路"沿线国家经贸合作的新平台，推进和"一带一路"沿线国家在贸易、投资、技术、文化等方面的互联互通。自贸试验区与"一带一路"的有机结合，有助于构建更加均衡和多元化的国际循环体系。

三、双循环格局下福建自贸区建设

经过五年发展，福建自贸试验区基本实现了总体方案和深化方案确定的目标，建立了与国际投资和贸易通行规则相衔接的制度体系，发挥了深化改革扩大开放的试验田作用。下一步，福建自贸试验区的建设进入了新的阶段，将面临更多逆风逆水的外部环境，必须做好应对一系列新挑战的准备，增强风险意识和机遇意识，积极融入国内国际双循环新发展格局。

一是要进一步扩大对外开放。对外开放是我国的基本国策，在新形势下，要坚定地实施对外开放战略，突出与国际先进经贸规则接轨，持续优化营商环境，推进投资、贸易、金融、运输、人员往来便利化自由化，实施自由贸易港某些政策，推动产业发展。要加大在行业领域、要素领域开展更广泛的国际合作，以合作增进利益关联，努力化解国际竞争中出现的制度性、结构性矛盾。要以"一带一路"为突破口，通过双向投资、互联互通，寻求开放合作的新空间。

二是要在形成国内大循环为主体上下大功夫。从供给侧角度看，要提升现有产业的能级，持续完善产业政策、金融政策、人才政策，依靠科技和创新的力量，推动产业转型升级。从需求侧角度看，要发挥我国超大规模市场优势和内需潜力，做大福建自贸试验区酒类、海产品等平台。加快商品流通、分拨体系建设，依托"全闽乐购"促消费等系列活动，扩大商品在国内市场的占有率。要积极加大社会保障领域的改革探索，让消费者更有底气消费。

三是要积极推进国内国际"双循环"的紧密结合。在供应链格局方面，要加大力度建设一批功能性平台，如福州的1233供应链服务平台、厦门的集成电路供应链综合服务平台、平潭的台湾农渔产品交易平台等，提升跨境供应链一体化管理能力。在产业链格局方面，要拓宽产业的合作界面，增大防范经济下行风险的回旋余地。

福建自贸试验区建设始终与国家重大战略部署紧密结合起来，增强自贸试验区的"极核"效应，着力打造成为制度创新、资源聚集和战略发展"三个高地"。

一是制度创新的高地。福建自贸试验区将继续努力开展首创性、差异化探索，丰富制度供给。针对改革的深层次矛盾和结构性问题，通过梳理已有的创新举措，寻找缺失环节，形成改革闭环。加大新一代信息技术的运用，增强自身的开放监管能力和风险防控能力，统筹兼顾"放得开"与"管得住"。持续完善条块结合的复制推广工作机制，扩大改革红利的受益面，更好发挥自贸试验区改革开放试验田作用。

二是资源集聚的高地。福建自贸试验区将继续贯彻落实创新驱动发展，力争用制度创新加强市场机制建设，积极引进优质资源，为产业发展"牵线搭桥"。加大招商引资力度，围绕金融、汽车、基础设施等新开放领域，高起点、高水平谋划一批产业链缺失项目、延伸项目和升级项目，解决技术难题。推动大数据、人工智能、集成电路、健康医疗等产业协同创新、协同发展，形成分工合理、优势互补、各具特色的发展格局。加强产业政策、金融政策引导和支持，发挥市场在资源配置中的决定性作用，帮助企业降本增效，激发企业活力。

三是战略发展的高地。福建自贸试验区突出发挥沿海近台优势和"21 世纪海上丝绸之路"核心区优势，未来在两岸融合、"海丝"合作上实施更开放、更自由的政策。尤其是对台领域，持续做好"通""惠""情"三篇文章，推进两岸共同市场建设，与台湾产业链、供应链、价值链形成更紧密联系，大力引进台湾核心技术、龙头项目、高端人才，推动在科技创新、产业结构等方面实现超越，更好地服务国家战略。

　　未来，福建自贸试验区将继续发挥先行先试、制度创新的优势，全面深化改革和扩大开放，找准定位，有效作为，积极服务"双循环"新发展格局，提供更多可复制可推广的福建经验。

参考资料

［1］福建师范大学福建自贸区综合研究院编. 自贸区大时代［M］. 北京：北京大学出版社，2015.

［2］福建自贸试验区领导小组办公室等编. 福建自贸试验区创新实践探索（2016）［M］. 福州：福建人民出版社，2016.

［3］黄茂兴. 中国（福建）自由贸易试验区发展报告（2017—2018）［M］. 北京：社会科学文献出版社，2018.

［4］福建自贸试验区领导小组办公室等编. 福建自贸试验区创新实践探索（2019）［M］. 福州：福建人民出版社，2019.

［5］黄茂兴. 中国（福建）自由贸易试验区发展报告（2019—2020）［M］. 北京：社会科学文献出版社，2020.